Henrik Ibsen
Die Frau vom Meer

Schauspiel in fünf Akten

Aus dem Norwegischen
übersetzt
von Christel Hildebrandt

Nachwort
von Anni Carlsson

Reclam

Originaltitel: Fruen fra havet (1888)

Der Übersetzung liegt die Ausgabe zugrunde:
Henrik Ibsen: Fruen fra havet. Oslo: Gyldendal Norsk
Forlag, 1993

RECLAMS UNIVERSAL-BIBLIOTHEK Nr. 2560
1967, 1998 Philipp Reclam jun. GmbH & Co. KG,
Siemensstraße 32, 71254 Ditzingen

Die Aufführungs- und Senderechte für Bühne, Hörfunk,
Film und Fernsehen vergibt Felix Bloch Erben,
Hardenbergstraße 6, 10623 Berlin

Druck und Bindung: Kösel GmbH & Co. KG,
Am Buchweg 1, 87452 Altusried-Krugzell
Printed in Germany 2019
RECLAM, UNIVERSAL-BIBLIOTHEK und
RECLAMS UNIVERSAL-BIBLIOTHEK sind eingetragene Marken
der Philipp Reclam jun. GmbH & Co. KG, Stuttgart
ISBN 978-3-15-002560-4
www.reclam.de

Personen

DOKTOR WANGEL, Amtsarzt
FRAU ELLIDA WANGEL, seine zweite Ehefrau
BOLETTE
HILDE, jugendlich } seine Töchter aus erster Ehe
STUDIENRAT ARNHOLM
LYNGSTRAND
BALLESTED
EIN FREMDER MANN
JUNGE LEUTE AUS DER STADT
TOURISTEN
SOMMERGÄSTE

Das Stück spielt im Sommer in einer kleinen Küstenstadt
im Norden Norwegens.

Erster Akt

Doktor Wangels Haus, links eine große überdachte Veranda. Vorn und an den Seiten der Garten. Unterhalb der Veranda eine Fahnenstange. Rechts im Garten eine Laube mit Tisch und Stühlen. Im Hintergrund eine Hecke mit einer kleinen Pforte. Zwischen den Bäumen sind der Fjord und – in der Ferne – hohe Bergketten mit ihren Gipfeln zu sehen. Es ist ein heißer, sonniger Sommermorgen.

Ballested, ein Mann mittleren Alters, in einer alten Samtjacke und mit einem breitkrempigen Künstlerhut, ordnet an der Fahnenstange die Schnüre. Die Fahne liegt auf der Erde. Nicht weit entfernt von ihm steht eine Staffelei mit aufgezogener Leinwand. Daneben liegen auf einem Klappstuhl Pinsel, eine Palette und ein Farbkasten.

Bolette Wangel tritt aus der offenen Tür des Wintergartens auf die Veranda hinaus. Sie trägt eine große Vase mit Blumen, die sie auf den Tisch stellt.

BOLETTE. Na, Ballested, kriegen Sie's hin?

BALLESTED. Aber sicher, Fräulein Bolette, ist doch eine Kleinigkeit. – Wenn ich fragen darf, erwarten Sie heute Besuch?

BOLETTE. Ja, der Studienrat Arnholm soll uns heute vormittag besuchen. Er ist heute nacht in der Stadt angekommen.

BALLESTED. Arnholm? Moment mal ... Hieß der nicht Arnholm, der vor einer ganzen Weile hier Hauslehrer war?

BOLETTE. Ja. Der ist es.

BALLESTED. Sieh mal an. Kommt der also wieder mal in diese Gegend.

BOLETTE. Und darum wollen wir die Flagge hissen.

BALLESTED. Ja, wenn das kein Grund ist.

(Bolette geht wieder in den Wintergarten. – Kurz darauf kommt Lyngstrand von rechts auf dem Weg daher und bleibt interessiert

stehen, als er die Staffelei und die Malutensilien sieht. Er ist ein schmächtiger junger Mann, einfach, aber ordentlich gekleidet und sieht etwas schwächlich aus.)

LYNGSTRAND *(hinter der Hecke).* Guten Morgen.

BALLESTED *(dreht sich um).* Oh! Guten Morgen. *(Er bindet die Schnur fest und geht dann zur Staffelei.)* Guten Morgen, sehr erfreut. Aber ich weiß eigentlich gar nicht, mit wem ...

LYNGSTRAND. Sie sind wohl Maler, was?

BALLESTED. Ja, sicher. Warum sollte ich denn kein Maler sein?

LYNGSTRAND. O ja, ich sehe es. Ob ich vielleicht hineinkommen dürfte?

BALLESTED. Wollen Sie vielleicht das Bild mal angucken?

LYNGSTRAND. Ja, furchtbar gern.

BALLESTED. Ach, da ist noch nichts Besonderes zu sehen. Aber wenn Sie wollen, kommen Sie nur rein.

LYNGSTRAND. Vielen Dank. *(Er tritt durch die Pforte ein.)*

BALLESTED *(malt).* Ich bin gerade beim Fjord da zwischen den Inseln.

LYNGSTRAND. Ja, das sehe ich.

BALLESTED. Aber die Figur fehlt noch. Hier in der Stadt ist einfach kein Modell aufzutreiben.

LYNGSTRAND. Soll noch eine Figur aufs Bild?

BALLESTED. Ja. Hier an den Klippen im Vordergrund soll eine halbtote Meerjungfrau liegen.

LYNGSTRAND. Warum halbtot?

BALLESTED. Sie hat sich hierher verirrt und findet nicht wieder ins Meer zurück. Deshalb liegt sie hier und kommt im Brackwasser um, verstehen Sie.

LYNGSTRAND. Ach so!

BALLESTED. Die Frau des Hauses hat mich auf die Idee gebracht, das zu malen.

LYNGSTRAND. Wie soll das Bild denn heißen, wenn es fertig ist?

BALLESTED. Ich denke, ich werde es »Das Ende der Meerjungfrau« nennen.

LYNGSTRAND. Das paßt gut. – Na, Sie werden es bestimmt hinkriegen.

BALLESTED *(sieht ihn an)*. Sind Sie vom Fach?

LYNGSTRAND. Sie meinen, Maler?

BALLESTED. Ja.

LYNGSTRAND. Nein, das nicht. Aber ich will Bildhauer werden. Ich heiße Hans Lyngstrand.

BALLESTED. So, Bildhauer wollen Sie werden? Ja, ja, die Bildhauerei ist auch eine hübsche Kunst. – Ich glaube, ich habe Sie schon ein paar Mal auf der Straße gesehen. Sind Sie schon lange hier bei uns?

LYNGSTRAND. Nein, erst seit vierzehn Tagen. Aber ich will zusehen, daß ich den ganzen Sommer hier bleiben kann.

BALLESTED. Die Freuden des Badelebens genießen, was?

LYNGSTRAND. Ja, ja, ich muß schauen, daß ich wieder zu Kräften komme.

BALLESTED. Doch wohl nicht krank?

LYNGSTRAND. Nun ja, ich fühle mich etwas unpäßlich. Aber das ist weiter nicht schlimm. Nur so ein Druck auf der Brust beim Atmen.

BALLESTED. Pah, das sind Bagatellen. Aber vielleicht sollten Sie doch mal mit einem erfahrenen Arzt reden.

LYNGSTRAND. Ja, ich will bei Gelegenheit mal mit Doktor Wangel reden.

BALLESTED. Machen Sie das. *(Er schaut nach links.)* Da kommt schon wieder ein Schiff. Vollgestopft mit Passagieren. Der Reiseverkehr hat in den letzten Jahren hier einen sagenhaften Aufschwung genommen.

LYNGSTRAND. Ja, hier ist wirklich allerhand los, finde ich.

BALLESTED. Und dann quillt es auch noch von Sommergästen fast über. Manchmal habe ich direkt Angst, daß unsere Stadt durch all diese fremden Gestalten ihren Charme verliert.

LYNGSTRAND. Sind Sie hier geboren?

BALLESTED. Nein, das bin ich nicht. Aber ich habe mich akkla ... akklimatisiert. Ich fühle mich mit diesem Fleckchen Erde durch die Zeit und die Gewohnheit verbunden.

LYNGSTRAND. Sie wohnen also schon lange hier?

BALLESTED. Nun ja, so siebzehn, achtzehn Jahre. Ich bin mit der Theatergruppe aus Skive hergekommen. Aber dann sind wir in finanzielle Schwierigkeiten geraten. Und deshalb hat sich die Truppe aufgelöst und in alle Winde verstreut.

LYNGSTRAND. Aber Sie sind hiergeblieben?

BALLESTED. Ich bin geblieben. Und damit bin ich gut gefahren. Ich war damals nämlich vorwiegend im Dekorationsbereich tätig, wissen Sie.

(Bolette kommt mit einem Schaukelstuhl heraus, den sie auf die Veranda stellt.)

BOLETTE *(spricht in den Wintergarten hinein)*. Hilde, guck doch mal, ob du den gestickten Fußschemel für Vater findest.

LYNGSTRAND *(geht zur Veranda, um zu grüßen)*. Guten Morgen, Fräulein Wangel!

BOLETTE *(am Geländer)*. Nein so etwas, sind Sie das, Herr Lyngstrand? Guten Morgen. Entschuldigen Sie mich einen Augenblick, ich muß nur ... *(Geht ins Haus.)*

BALLESTED. Kennen Sie die Familie?

LYNGSTRAND. Nicht näher. Ich habe das Fräulein nur gelegentlich bei anderen Leuten getroffen. Und als letztes Mal oben in der »Schönen Aussicht« Musik gespielt wurde, habe ich mich ein wenig mit Frau Wangel unterhalten. Da hat sie mich eingeladen, doch mal vorbeizukommen.

BALLESTED. Also, diese Bekanntschaft sollten Sie aber unbedingt pflegen.

LYNGSTRAND. Ja, ich habe mir auch schon überlegt, wann ich sie mal besuchen könnte. Mir fehlt bisher allerdings der Anlaß ...

BALLESTED. Ach was, Anlaß! *(Er schaut nach links.)* So ein Mist! *(Sammelt seine Sachen zusammen.)* Der Dampfer hat schon angelegt. Ich muß ins Hotel. Vielleicht braucht mich einer der Neuankömmlinge. Ich arbeite nämlich auch noch als Friseur, wissen Sie.

LYNGSTRAND. Sie sind aber wirklich sehr vielseitig.

BALLESTED. In so einem winzigen Ort muß man sich in den verschiedensten Bereichen ak-klimatisieren können. Falls Sie also einmal irgendwas im Haarbereich brauchen, ein wenig Pomade oder so, fragen Sie einfach nach dem Tanzlehrer Ballested.

LYNGSTRAND. Tanzlehrer?

BALLESTED. Oder nach dem Leiter der Bläsergruppe, wenn's Ihnen lieber ist. Heute abend geben wir in der »Schönen Aussicht« übrigens ein Konzert. Nun dann, auf Wiedersehen! *(Er geht mit seinen Malutensilien durch die Pforte und weiter nach links ab.)*

(Hilde kommt mit dem Schemel. Bolette bringt noch mehr Blumen. Lyngstrand grüßt unten im Garten zu Hilde hinauf.)

HILDE *(am Geländer, ohne den Gruß zu erwidern).* Bolette hat mir schon erzählt, daß Sie sich heute reingetraut haben.

LYNGSTRAND. Ja, ich war so frei und bin einfach hereingekommen.

HILDE. Haben Sie Ihren Morgenspaziergang schon gemacht?

LYNGSTRAND. Nun ja, so schrecklich lang ist er heute morgen nicht geworden.

HILDE. Dann waren Sie aber schon im Wasser?

LYNGSTRAND. Ja, ich war kurz im Meer. Ich habe Ihre Mutter unten getroffen; sie ging gerade in ihr Badehaus.

HILDE. Wen haben Sie gesehen?

LYNGSTRAND. Ihre Mutter.

HILDE. Ach so, ja. *(Sie stellt den Schemel vor den Schaukelstuhl.)*

BOLETTE *(lenkt ab).* Haben Sie nicht Vaters Boot auf dem Fjord gesehen?

LYNGSTRAND. Doch, ich glaube, ich habe ein Segelboot mit Kurs auf die Küste gesehen.

BOLETTE. Das war sicher Vater. Er hat einen Krankenbesuch

auf den Inseln gemacht. (*Sie räumt auf dem Tisch hin und her.*)

LYNGSTRAND (*mit einem Fuß auf der Verandatreppe*). Nein, was haben Sie für schöne Blumen!

BOLETTE. Ja, sieht das nicht hübsch aus?

LYNGSTRAND. Ach, das sieht entzückend aus. Es sieht aus, als gäbe es heute hier was zu feiern.

HILDE. Das könnte man so sagen.

LYNGSTRAND. Hätte ich mir doch denken können. Bestimmt hat Ihr Vater heute Geburtstag.

BOLETTE (*räuspert sich warnend zu Hilde*).

HILDE (*ohne sich darum zu kümmern*). Nein, Mutter.

LYNGSTRAND. Ach so, Ihre Mutter.

BOLETTE (*leise, wütend*). Aber Hilde!

HILDE (*ebenso*). Laß mich! (*Zu Lyngstrand.*) Sie müssen jetzt sicher frühstücken gehen?

LYNGSTRAND (*geht die Treppe hinunter*). Ja, ich sollte wohl zusehen, daß ich was zu essen kriege.

HILDE. Das Leben im Hotel gefällt Ihnen doch, oder?

LYNGSTRAND. Ich wohne nicht mehr im Hotel. Das ist mir zu teuer geworden.

HILDE. Wo wohnen Sie denn jetzt?

LYNGSTRAND. Bei Madame Jensen.

HILDE. Wer ist Madame Jensen?

LYNGSTRAND. Die Hebamme.

HILDE. Entschuldigen Sie, Herr Lyngstrand ..., aber ich habe jetzt wirklich etwas anderes zu tun, als ...

LYNGSTRAND. Oh, das hätte ich wohl nicht sagen sollen.

HILDE. Was?

LYNGSTRAND. Na, was ich eben gesagt habe.

HILDE (*betrachtet ihn abschätzig*). Ich verstehe nicht.

LYNGSTRAND. Nein, nein. Dann werde ich mich lieber fürs erste von den jungen Damen verabschieden.

BOLETTE (*kommt zur Treppe*). Auf Wiedersehen, Herr Lyngstrand. Für heute müssen Sie uns wirklich entschuldigen. Vielleicht ein andermal. Wenn Sie mal Zeit haben – und

Lust – dann müssen Sie zu uns kommen und sich mit unserem Vater unterhalten – und mit uns anderen natürlich auch.

LYNGSTRAND. Ja, vielen Dank. Das werde ich herzlich gern tun. *(Er grüßt und geht durch die Gartenpforte ab. Als er auf dem Weg draußen nach links entlanggeht, grüßt er noch einmal zur Veranda hinauf.)*

HILDE *(halblaut)*. Adieu, Monsieur! Und grüßen Sie Mutter Jensen von mir.

BOLETTE *(leise, zupft sie am Arm)*. Hilde! Du freches Gör! Bist du vollkommen verrückt geworden! Wenn er dich nun gehört hat!

HILDE. Pah, glaubst du vielleicht, das interessiert mich?

BOLETTE *(schaut nach rechts)*. Da kommt Vater.
(Doktor Wangel, in Reisekleidung und mit einer kleinen Reisetasche in der Hand, kommt von rechts auf dem Fußweg heran.)

WANGEL. Hallo, meine Mädchen, hier habt ihr mich wieder!
(Er tritt durch die Gartenpforte herein.)

BOLETTE *(geht ihm unten im Garten entgegen)*. Wie schön, daß du da bist.

HILDE *(geht ebenfalls zu ihm hinunter)*. Bist du für heute fertig, Vater?

WANGEL. O nein, ich muß auf jeden Fall noch in die Praxis. – Sagt mal, wißt ihr, ob Arnholm gekommen ist?

BOLETTE. Ja, heute nacht. Wir haben im Hotel nachgefragt.

WANGEL. Ihr habt ihn also noch nicht gesehen?

BOLETTE. Nein. Aber er wird uns bestimmt noch heute vormittag besuchen.

WANGEL. Ja, das wird er sicher tun.

HILDE *(zupft an ihm)*. Vater, nun guck dich doch mal um.

WANGEL *(schaut zur Veranda)*. Ja, ich habe es schon gesehen, mein Kind. Hier sieht es ganz festlich aus.

BOLETTE. Nicht wahr? Findest du nicht auch, daß wir das gut hingekriegt haben?

WANGEL. Doch, das muß ich schon sagen. Sind . . . sind wir allein im Haus?

HILDE. Ja, sie ist ins ...

BOLETTE *(fällt ihr ins Wort)*. Mutter ist Schwimmen.

WANGEL *(schaut Bolette freundlich an und streicht ihr über den Kopf, danach sagt er ein wenig zögernd)*. Nun hört mal, ihr beiden ... wollt ihr das den ganzen Tag so lassen? Auch die Flagge gehißt, den ganzen Tag?

HILDE. Aber das kannst du dir doch wohl denken, Vater!

WANGEL. Hm ... nun ja. Aber, wißt ihr ...

BOLETTE *(zwinkert und nickt ihm zu)*. Dir ist doch wohl klar, daß wir das alles nur für den Studienrat Arnholm gemacht haben. Wenn ein so guter Freund das erste Mal wieder zu dir zu Besuch kommt ...

HILDE *(lächelt und zupft an ihm)*. Wo er doch Bolettes Lehrer war, Vater!

WANGEL *(mit einem halben Lächeln)*. Ihr seid ja ganz schön gerissen, ihr beiden! – Nun ja, mein Gott ... eigentlich ist es doch auch ganz natürlich, daß wir an sie denken, auch wenn sie nicht mehr unter uns ist. Aber trotzdem. Hier, Hilde. *(Er gibt ihr seine Reisetasche.)* Die muß in die Praxis ... Nein, meine Mädchen, mir gefällt das nicht, die ganze Art und Weise. Daß wir jedes Jahr ... Was soll man dazu sagen! Es ist ja nichts zu ändern.

HILDE *(will mit der Reisetasche durch den Garten links abgehen, bleibt aber stehen, dreht sich um und deutet in die Ferne)*. Guck mal, der Mann, der da hinten kommt. Das ist doch bestimmt der Studienrat.

BOLETTE *(schaut in die Richtung)*. Der da? *(Lacht.)* Nein, wie kommst du darauf! Der alte Kerl kann doch niemals Arnholm sein!

WANGEL. Paß auf, was du da redest, mein Kind. Ich kann mir auch nicht vorstellen, daß er es ist. – Doch, natürlich, er ist es!

BOLETTE *(starrt in die Richtung, immer noch überrascht)*. Oh, mein Gott, jetzt glaub ich's auch.

(Studienrat Arnholm, im eleganten Sommeranzug, mit goldeingefaßter Brille und einem dünnen Spazierstock, kommt von links

außen auf dem Weg heran. Er sieht etwas angestrengt aus, schaut in den Garten, grüßt freundlich und tritt durch die Pforte ein.)

WANGEL *(geht ihm entgegen).* Willkommen, lieber Herr Studienrat! Herzlich willkommen in den altvertrauten Gefilden!

ARNHOLM. Danke, vielen Dank, Doktor Wangel. Wirklich, ganz herzlichen Dank. *(Sie schütteln sich die Hände und gehen gemeinsam in den Garten.)* Und da sind ja auch die Kinder! *(Streckt ihnen die Hände entgegen und schaut sie an.)* Die beiden hätte ich kaum wiedererkannt.

WANGEL. Das kann ich mir vorstellen.

ARNHOLM. Oder – vielleicht Bolette. Doch, Bolette würde ich noch wiedererkennen.

WANGEL. Da bin ich mir nicht so sicher. Schließlich ist es schon acht, neun Jahre her, daß Sie das letzte Mal hier waren. Ja, ja, seit der Zeit hat sich hier eine ganze Menge verändert.

ARNHOLM *(schaut sich um).* Finde ich eigentlich gar nicht. Abgesehen davon, daß die Bäume reichlich gewachsen sind – und dann ist da das Gartenhaus gebaut worden ...

WANGEL. Nein, nein, ich meine nicht äußerlich ...

ARNHOLM *(lächelt).* Außerdem natürlich die Tatsache, daß Sie jetzt zwei heiratsfähige Töchter im Haus haben.

WANGEL. Nun ja, heiratsfähig ist wohl erst eine.

HILDE *(gedämpft).* Ach, was du nicht sagst, Papa.

WANGEL. Aber ich denke, wir setzen uns jetzt lieber auf die Veranda. Dort ist es kühler als hier. Bitte.

ARNHOLM. Danke, vielen Dank, lieber Doktor.

(Sie gehen hinauf. Wangel bietet Arnholm den Platz im Schaukelstuhl an.)

WANGEL. So, jetzt bleiben Sie hier sitzen und ruhen sich aus. Sie sehen noch ganz erschöpft aus von der Reise.

ARNHOLM. Ach, das hat nichts zu bedeuten. Hier, in dieser Umgebung ...

BOLETTE *(zu Wangel).* Sollen wir nicht etwas Saft und Selter in den Wintergarten bringen? Hier draußen wird es sicher bald zu heiß.

WANGEL. Ja, macht das. Bringt uns Saft und Selter. Und vielleicht einen kleinen Cognac dazu.

BOLETTE. Cognac auch?

WANGEL. Ja, nur einen kleinen. Falls jemand einen Schluck möchte.

BOLETTE. Ja, natürlich. Hilde, bring du schon mal die Tasche in die Praxis.

(Bolette geht in den Wintergarten und schließt die Tür hinter sich. Hilde nimmt die Reisetasche und geht mit ihr durch den Garten hinters Haus nach links ab.)

ARNHOLM *(der Bolette mit den Augen gefolgt ist)*. Das ist wirklich ein hübsches ... Das sind wirklich zwei hübsche Mädchen, die da herangewachsen sind.

WANGEL *(setzt sich)*. Ja, nicht wahr?

ARNHOLM. Wirklich – Bolette hat mich geradezu überrascht. Hilde natürlich auch. Aber nun zu Ihnen, lieber Doktor: Wollen Sie eigentlich für alle Zeiten hier wohnen bleiben?

WANGEL. Ach ja, darauf wird's wohl hinauslaufen. Hier habe ich inzwischen meine Wurzeln geschlagen, wie man so sagt. Und hier habe ich eine so glückliche Zeit verbracht mit ihr, die viel zu früh von uns gegangen ist. Sie haben sie ja noch kennengelernt, Herr Arnholm, als Sie das letzte Mal hier waren.

ARNHOLM. O ja.

WANGEL. Und jetzt lebe ich glücklich und zufrieden mit meiner zweiten Frau. Also, ich muß sagen, im großen und ganzen hat das Schicksal es schon gut mit mir gemeint.

ARNHOLM. Aber aus der zweiten Ehe haben Sie keine Kinder?

WANGEL. Wir haben vor zwei, zweieinhalb Jahren einen kleinen Jungen bekommen. Aber den durften wir nicht lange behalten. Er starb, als er vier, fünf Monate alt war.

ARNHOLM. Ist Ihre Frau heute nicht zu Hause?

WANGEL. Doch, sie muß gleich kommen. Sie ist schwimmen gegangen. Das macht sie im Augenblick jeden Tag, bei jedem Wetter.

ARNHOLM. Fehlt ihr vielleicht etwas?

WANGEL. Nicht direkt. Obwohl sie in den letzten Jahren reichlich nervös war. Das heißt, ab und zu. Ich werde nicht so recht schlau daraus, was eigentlich mit ihr los ist. Aber das Baden im Meer, das ist ihr ungemein wichtig, wissen Sie.

ARNHOLM. Daran kann ich mich noch erinnern.

WANGEL *(mit einem kaum merklichen Lächeln)*. Ach ja, Sie kennen Ellida ja noch aus der Zeit, als Sie in Skjoldvik Lehrer waren.

ARNHOLM. Das stimmt. Sie war oft auf dem Pfarrershof zu Besuch. Und meistens habe ich sie getroffen, wenn ich zum Leuchtturm gegangen bin und ihren Vater besucht habe.

WANGEL. Sie können mir glauben, daß diese Zeit dort draußen tiefe Spuren in ihr hinterlassen hat. Die Leute hier im Ort können das gar nicht verstehen. Sie nennen sie »die Frau vom Meer«.

ARNHOLM. Wirklich?

WANGEL. Ja, und deshalb – sprechen Sie mit ihr über die alten Zeiten, lieber Herr Arnholm. Das wird ihr bestimmt gut tun.

ARNHOLM *(schaut ihn zweifelnd an)*. Haben Sie einen bestimmten Grund zu der Annahme?

WANGEL. Ja, allerdings.

ELLIDAS STIMME *(draußen im Garten rechts zu hören)*. Bist du's, Wangel?

WANGEL *(steht auf)*. Ja, meine Liebe.

(Frau Ellida Wangel, eingehüllt in ein großes, leichtes Tuch, die nassen Haare fallen ihr offen auf die Schultern. Sie kommt zwischen den Bäumen bei der Gartenlaube hervor. Studienrat Arnholm steht auf.)

WANGEL *(lächelt und streckt ihr die Arme entgegen)*. Na, da haben wir ja unsere Meerjungfrau!

ELLIDA *(läuft zur Veranda herauf und ergreift seine Hände)*. Wie gut, daß du wieder da bist. Wann bist du gekommen?

WANGEL. Gerade eben, vor ein paar Minuten. *(Zeigt auf Arnholm.)* Aber willst du nicht einen alten Freund begrüßen?

ELLIDA *(gibt Arnholm die Hand)*. Da sind Sie ja. Willkommen! Und entschuldigen Sie, daß ich nicht im Haus war ...

ARNHOLM. Aber ich bitte Sie. Machen Sie nur keine Umstände ...

WANGEL. War das Wasser schön frisch heute?

ELLIDA. Frisch? Mein Gott, hier ist das Wasser nie frisch. Lauwarm und abgestanden. Iih! Das Wasser hier in den Fjorden ist krank.

ARNHOLM. Krank?

ELLIDA. Ja, krank. Und ich habe den Eindruck, daß es einen auch krank machen kann.

WANGEL *(lächelt)*. Na, das ist ja vielleicht eine Empfehlung für unseren Badeort.

ARNHOLM. Ich glaube eher, daß Sie, liebe Frau Wangel, zum Meer und zu allem, was damit zusammenhängt, ein ganz besonderes Verhältnis haben.

ELLIDA. Ja, vielleicht. Ich glaube es bald selbst. – Aber sehen Sie mal, wie schön und festlich die Mädchen alles für Sie geschmückt haben!

WANGEL *(verlegen)*. Hm ... *(Schaut auf seine Uhr.)* Ich muß noch mal eben ...

ARNHOLM. Ist das wirklich meinetwegen?

ELLIDA. Ja, das müssen Sie mir schon glauben. So viel Aufwand machen wir nicht jeden Tag. Puh, wie drückend heiß es hier unter dem Dach ist. *(Geht hinunter in den Garten.)* Kommt doch hierher! Hier ist es jedenfalls ein bißchen luftiger. *(Setzt sich in die Gartenlaube.)*

ARNHOLM *(geht zu ihr)*. Also, ich finde die Luft hier recht frisch.

ELLIDA. Ja sicher, Sie sind auch die schwüle Luft in der Hauptstadt gewohnt. Da soll es im Sommer ja wirklich unerträglich stickig sein, habe ich gehört.

WANGEL *(der ebenfalls in den Garten hinuntergegangen ist)*. Liebe Ellida, du mußt unseren Freund jetzt für eine Weile allein unterhalten.

ELLIDA. Hast du noch was zu erledigen?

WANGEL. Ja, ich muß noch in die Praxis. Und dann muß ich mich auch umziehen. Aber es wird nicht lange dauern ...

ARNHOLM *(setzt sich in die Gartenlaube)*. Lassen Sie sich ruhig Zeit, lieber Doktor. Ihre Gattin und ich werden die Zeit schon herumkriegen.

WANGEL *(nickt)*. Ja, sicher, das glaube ich gern. Nun ... dann bis später! *(Er geht durch den Garten nach links ab.)*

ELLIDA *(nach einem Augenblick des Schweigens)*. Finden Sie nicht, daß man hier gut sitzt?

ARNHOLM. Doch, ich jedenfalls sitze gut hier.

ELLIDA. Dieses Gartenhäuschen wird *meine* Laube genannt. Denn ich habe sie bauen lassen. Oder besser gesagt, Wangel – mir zuliebe.

ARNHOLM. Und hier sitzen Sie oft?

ELLIDA. Ja, hier verbringe ich die meiste Zeit des Tages.

ARNHOLM. Wohl zusammen mit den Mädchen?

ELLIDA. Nein, die Mädchen ... die sind meistens auf der Veranda.

ARNHOLM. Und Wangel?

ELLIDA. Ach, Wangel, der pendelt hin und her. Mal ist er bei mir, mal bei den Kindern.

ARNHOLM. Und Sie finden es so in Ordnung?

ELLIDA. Ich glaube, es ist für alle Beteiligten am besten so. Wir können ja trotzdem miteinander reden – wenn wir meinen, daß es etwas zu sagen gibt.

ARNHOLM *(nachdem er eine Weile nachgedacht hat)*. Als sich das letzte Mal unsere Wege kreuzten, draußen in Skjoldvik, meine ich ... Hm ... das ist nun schon lange her.

ELLIDA. Gut und gern zehn Jahre. Sie haben uns da draußen
oft besucht.

ARNHOLM. Ja, ungefähr zehn Jahre. Wenn ich noch daran
denke, Sie da draußen im Leuchtturm ... Die Heidin
nannte der alte Pfarrer Sie, weil Ihr Vater Sie seiner Meinung nach nicht mit einem ordentlichen Christennamen,
sondern mit einem Schiffsnamen hatte taufen lassen ...

ELLIDA. Ja und, was war da?

ARNHOLM. Ich hätte nicht im Traum daran gedacht, Sie hier
als Frau Wangel wiederzusehen.

ELLIDA. Nein, damals war Wangel ja noch gar nicht ... Die
Mutter der Mädchen lebte damals ja noch. Ich meine, ihre
richtige Mutter ...

ARNHOLM. Ja, ja. Aber auch wenn dem nicht so gewesen
wäre ... Selbst wenn er frei gewesen wäre wie ein Vogel
– ich hätte mir nie und nimmer vorstellen können, daß es
dazu kommen würde.

ELLIDA. Ich auch nicht. Niemals – damals.

ARNHOLM. Wangel ist ja auch ein guter Mann. So ritterlich.
So von Herzen gut und freundlich zu allen Menschen ...

ELLIDA *(voller Wärme und Herzlichkeit)*. Ja, das ist er wirklich!

ARNHOLM. .... dabei trennen Sie beide doch Welten, wie mir
scheint.

ELLIDA. Da haben Sie wohl recht.

ARNHOLM. Aber, wie ist es dann dazu gekommen? Wie
konnte das geschehen?

ELLIDA. Ach, lieber Herr Arnholm. Danach dürfen Sie mich
nicht fragen. Ich kann Ihnen das auch nicht erklären. Und
selbst wenn ich es könnte, würden Sie davon nicht das
Geringste verstehen.

ARNHOLM. Hm ... *(Etwas leiser.)* Haben Sie jemals Ihrem
Mann das mit mir gebeichtet? Ich meine den vergeblichen
Versuch – zu dem ich mich habe hinreißen lassen.

ELLIDA. Nein. Wie können Sie so etwas denken! Kein Wort
habe ich ihm gesagt – von dem, worauf Sie anspielen.

ARNHOLM. Das freut mich. Denn irgendwie fühlte ich mich bei dem Gedanken doch etwas beklommen ...

ELLIDA. Das müssen Sie nicht. Ich habe ihm nur gesagt, daß ich viel von Ihnen halte und daß Sie der treueste und beste Freund waren, den ich je hatte – was ja auch stimmt.

ARNHOLM. Dafür möchte ich Ihnen danken. Aber sagen Sie mir – warum haben Sie mir nie geschrieben, nachdem ich abgereist war?

ELLIDA. Ich dachte, es würde Ihnen vielleicht weh tun, von der zu hören, die – die Ihnen nicht so entgegengekommen ist, wie Sie es sich gewünscht haben. Ich hatte das Gefühl, ich würde alte Wunden wieder aufreißen.

ARNHOLM. Hm ... Ja, ja, da mögen Sie schon recht haben.

ELLIDA. Aber warum haben Sie selbst mir nie geschrieben?

ARNHOLM *(schaut sie fast vorwurfsvoll lächelnd an)*. Ich? Den Anfang machen? Damit Sie mir womöglich noch den Vorwurf machen können, ich wollte wieder von vorn beginnen? Nach der Abfuhr, die ich bekommen habe!

ELLIDA. Ja, das verstehe ich gut. – Haben Sie seitdem denn nie an eine andere Beziehung gedacht?

ARNHOLM. Nie. Ich bin meinen Erinnerungen treu geblieben.

ELLIDA *(halb scherzhaft)*. Ach was! Weg mit den traurigen Erinnerungen. Ich finde, Sie sollten lieber zusehen, wie Sie ein glücklicher Ehemann werden können.

ARNHOLM. Das muß dann aber bald passieren, Frau Wangel. Denn denken Sie dran, daß ich, wie ich gestehen muß, schon die 37 erreicht habe.

ELLIDA. Nun ja, ein Grund mehr, sich zu beeilen. *(Zögert eine Weile, danach sagt sie ernst und mit gedämpfter Stimme.)* Hören Sie, lieber Herr Arnholm, ich möchte Ihnen jetzt etwas erzählen, was ich damals niemals habe herausbringen können, und wenn es um mein Leben gegangen wäre.

ARNHOLM. Und was?

ELLIDA. Als Sie – diesen vergeblichen Schritt taten, wie Sie es genannt haben, – da *konnte* ich Ihnen gar nicht anders antworten, als ich getan habe.

ARNHOLM. Ich weiß. Sie wollten nicht, daß aus uns mehr als gute Freunde würden. Das ist mir schon klar.

ELLIDA. Aber Sie wissen nicht, daß all meine Gedanken und Gefühle damals in eine andere Richtung gingen.

ARNHOLM. Damals?

ELLIDA. Ja, genau.

ARNHOLM. Aber das ist doch ganz unmöglich! Sie irren sich in der Zeit. Damals haben Sie Wangel doch kaum gekannt.

ELLIDA. Ich rede gar nicht von Wangel.

ARNHOLM. Nicht von Wangel? Aber zu der Zeit – da draußen in Skjoldvik ... Ich kann mich nicht an einen einzigen Menschen erinnern, von dem ich mir auch nur vorstellen könnte, daß er in irgendeiner Verbindung zu Ihnen stand.

ELLIDA. Das glaube ich wohl. Die ganze Sache ist ja auch so schrecklich verrückt.

ARNHOLM. Aber dann erklären Sie sie mir doch!

ELLIDA. Ach, eigentlich reicht es schon, wenn Sie wissen, daß ich damals gebunden war. Und das wissen Sie ja jetzt.

ARNHOLM. Und wenn Sie damals nicht gebunden gewesen wären?

ELLIDA. Ja, was dann?

ARNHOLM. Wäre Ihre Antwort auf meinen Brief dann anders ausgefallen?

ELLIDA. Wie soll ich das wissen? Als Wangel kam, fiel die Antwort jedenfalls anders aus.

ARNHOLM. Was soll es dann nutzen, wenn Sie mir erzählen, daß Sie damals gebunden waren?

ELLIDA *(steht sichtbar ängstlich und unruhig auf)*. Weil ich jemanden brauche, dem ich mich anvertrauen kann. Nein, nein, bleiben Sie nur sitzen.

ARNHOLM. Ihr Mann weiß also nichts von der Sache?

ELLIDA. Ich habe ihm von Anfang an gebeichtet, daß meine
Gefühle einmal auf einen anderen gerichtet waren. Mehr
wollte er gar nicht wissen. Und seitdem haben wir dieses
Thema nie wieder berührt. Es war im Grunde genommen
auch einfach nur verrückt. Und dann war diese Beziehung ja auch bald beendet. Das heißt – in gewisser Weise.

ARNHOLM *(steht auf)*. Nur in gewisser Weise? Also nicht
ganz!

ELLIDA. Doch, doch, natürlich. Mein Gott, lieber Herr Arnholm, es ist nicht so, wie Sie denken. Es ist einfach unbegreiflich. Ich weiß auch gar nicht, wieso ich es Ihnen
überhaupt erzählt habe. Sie glauben sicher, daß ich krank
bin. Oder total verrückt.

ARNHOLM. Meine Liebe, jetzt müssen Sie aber wirklich alles
erzählen.

ELLIDA. Nun gut, dann versuche ich es. Wie würden Sie, ein
vernünftiger Mann, es sich erklären, daß . . . *(Schaut hinaus
und bricht ab.)* Augenblick, wir bekommen Besuch.
*(Lyngstrand kommt auf dem Weg von links heran und tritt in
den Garten. Er hat eine Blume im Knopfloch und trägt einen großen, schönen Blumenstrauß, in Papier eingewickelt und mit Sei-
denband. Er bleibt zögernd vor der Veranda stehen.)*

ELLIDA *(aus der Gartenlaube)*. Wollen Sie zu den Mädchen,
Herr Lyngstrand?

LYNGSTRAND *(dreht sich um)*. Ach, Sie sind da, gnädige Frau?
(Grüßt und tritt näher.) Nein, nicht direkt. Ich suche nicht
die jungen Damen, sondern Sie, Frau Wangel. Sie haben
mir doch erlaubt, Sie zu besuchen . . .

ELLIDA. Ja, sicher. Sie sind uns immer willkommen.

LYNGSTRAND. Vielen Dank. Und weil es sich so gut trifft,
daß gerade heute ein Fest ins Haus steht . . .

ELLIDA. Ach, das wissen Sie?

LYNGSTRAND. Ja, ja. Und deshalb bin ich so frei und möchte
Frau Wangel das hier überreichen . . . *(Er verbeugt sich und
streckt ihr den Blumenstrauß hin.)*

ELLIDA *(lächelt)*. Aber, mein lieber Herr Lyngstrand, wäre es

nicht besser, Sie gäben dem Studienrat Arnholm selbst die
Blumen. Denn eigentlich ist doch er es, der ...

LYNGSTRAND *(schaut unsicher von einem zum anderen)*. Ent-
schuldigung ... aber ich kenne den Herrn nicht. Das ist
nur, weil ... Ich komme aus Anlaß Ihres Geburtstags,
gnädige Frau.

ELLIDA. Geburtstag? Da haben Sie sich geirrt, Herr Lyngstrand. Heute hat niemand hier im Haus Geburtstag.

LYNGSTRAND *(lächelt verschmitzt)*. Ja, ja, ich weiß schon. Aber
ich hätte nicht gedacht, daß es so geheim ist.

ELLIDA. Was wissen Sie schon?

LYNGSTRAND. Na, daß es der Ehren ... der Geburtstag der
gnädigen Frau ist.

ELLIDA. Meiner?

ARNHOLM *(schaut sie fragend an)*. Heute? Das habe ich auch
nicht gewußt.

ELLIDA *(zu Lyngstrand)*. Wie kommen Sie darauf?

LYNGSTRAND. Fräulein Hilde hat mir das verraten. Ich war
heute schon einmal hier. Und da habe ich die jungen Damen gefragt, warum sie alles so hübsch gemacht haben
mit Blumen und der Flagge ...

ELLIDA. Ja, und?

LYNGSTRAND. ... und da hat Fräulein Hilde mir geantwortet: Weil heute Mutters – Geburtstag ist.

ELLIDA. Mutters! Ach so.

ARNHOLM. Aha.
(Ellida und er sehen einander verständnisvoll an.)

ARNHOLM. Nun ja, wenn der junge Mann es sowieso schon
weiß, Frau Wangel ...

ELLIDA *(zu Lyngstrand)*. Ja, wenn Sie es schon einmal wissen,
dann ...

LYNGSTRAND *(streckt ihr von neuem den Blumenstrauß entgegen)*.
Darf ich also gratulieren?

ELLIDA *(nimmt die Blumen entgegen)*. Vielen, herzlichen Dank.
Seien Sie doch so gut und setzen sich einen Augenblick zu
uns, Herr Lyngstrand. *(Ellida, Arnholm und Lyngstrand setzen sich in die Laubhütte.)*

ELLIDA. Also, das mit meinem Geburtstag, das sollte ein Geheimnis sein, Herr Studienrat.

ARNHOLM. Ja, natürlich. Das geht uns Außenstehende gar nichts an.

ELLIDA *(legt den Blumenstrauß auf den Tisch)*. Genau. Nichts für die Außenstehenden.

LYNGSTRAND. Ich werde es jedenfalls auch keiner Menschenseele weitersagen.

ELLIDA. Na ja, so war es nun auch nicht gemeint. Aber wie geht es Ihnen? Mir scheint, Sie sehen besser aus als letztes Mal.

LYNGSTRAND. Ja, ich finde auch, daß es mir gut geht. Und falls ich nächstes Jahr in die südlichen Länder reisen kann ...

ELLIDA. Das werden Sie doch, wie mir die Mädchen erzählt haben.

LYNGSTRAND. Ja, denn in Bergen habe ich einen Wohltäter, der für mich sorgt. Und er hat versprochen, daß er nächstes Jahr etwas für mich tun will.

ELLIDA. Woher haben Sie den Mäzen denn?

LYNGSTRAND. Ach, das war eine glückliche Fügung. Ich bin nämlich eine Zeitlang auf einem seiner Schiffe zur See gefahren.

ELLIDA. Tatsächlich? Sie wollten also einmal zur See fahren?

LYNGSTRAND. Nein, überhaupt nicht. Aber als meine Mutter gestorben war, wollte mein Vater mich aus dem Haus haben. Und deshalb schickte er mich zur See. Doch auf der Heimfahrt erlitten wir im englischen Kanal Schiffbruch. Und das war nur mein Glück.

ARNHOLM. Wie meinen Sie das?

LYNGSTRAND. Nun, bei dem Schiffbruch habe ich meinen Knacks abgekriegt. Hier in der Brust. Ich habe lange im eiskalten Wasser gelegen, bis sie mich endlich gerettet haben. Und deshalb mußte ich dann mit der Seefahrt Schluß machen. – Ja, das war wirklich ein Glück für mich.

ARNHOLM. So? Finden Sie?

LYNGSTRAND. Ja, denn der Knacks ist nicht weiter gefähr-
lich. Und jetzt kann ich endlich Bildhauer werden, was
ich schrecklich gern möchte. Stellen Sie sich vor – den
herrlichen Ton zu modellieren, der sich so geschmeidig
mit den Fingern formen läßt!

ELLIDA. Und was wollen Sie modellieren? Wassermänner
und Meerjungfrauen? Oder lieber alte Wikinger ...?

LYNGSTRAND. Nein, so etwas nicht. Sobald ich kann, will ich
ein richtig großes Werk schaffen. Eine Gruppe, wie man
es nennt.

ELLIDA. Nun gut, aber was soll die Gruppe vorstellen?

LYNGSTRAND. Ach, etwas, was ich selbst erlebt habe.

ARNHOLM. Ja, das ist gut, bleiben Sie am besten bei den eigenen Erfahrungen.

ELLIDA. Aber was soll es denn nun sein?

LYNGSTRAND. Nun ja, ich habe an eine junge Seemannsbraut
gedacht, die sonderbar unruhig schläft. Und träumen tut
sie auch. Ich denke, ich werde es so hinbekommen, daß
man ihr ansehen kann, daß sie träumt.

ARNHOLM. Und mehr nicht?

LYNGSTRAND. Doch, eine zweite Figur gehört noch dazu.
Wie eine Erscheinung. Das soll ihr Mann sein, dem sie
untreu geworden ist, als er fort war. Und er ist im Meer
ertrunken.

ARNHOLM. Was sagen Sie ...?

ELLIDA. Er ist ertrunken?

LYNGSTRAND. Ja, bei einer Seereise ertrunken. Aber merk-
würdigerweise ist er dennoch heimgekehrt. Und zwar des
Nachts. Und nun steht er an ihrem Bett und schaut sie an.
Er soll so tropfnaß sein, als hätte man ihn gerade aus dem
Meer gefischt.

ELLIDA *(lehnt sich in ihrem Stuhl zurück)*. Das ist ja reichlich
merkwürdig. *(Schließt die Augen.)* Ich kann es deutlich vor
mir sehen.

ARNHOLM. Aber um alles in der Welt, Herr ... Herr ... Sie
haben doch gesagt, Sie hätten das selbst erlebt.

LYNGSTRAND. Ja, das habe ich auch erlebt. Sozusagen.

ARNHOLM. Sie haben erlebt, daß ein toter Mann . . . ?

LYNGSTRAND. Nun ja, ich meine, nicht so ganz richtig erlebt. Nicht genau so, natürlich. Aber dennoch irgendwie . . .

ELLIDA *(lebhaft, neugierig)*. Erzählen Sie mir alles, was Sie wissen. Ich muß die ganze Geschichte erfahren.

ARNHOLM *(lächelt)*. Ja, das ist gewiß etwas für Sie. Mit viel Meeresstimmung dabei.

ELLIDA. Wie war es also, Herr Lyngstrand?

LYNGSTRAND. Nun ja, das war, als wir mit unserem Schiff von einer Stadt mit Namen Halifax in die Heimat zurückfahren wollten, da mußten wir unseren Bootsmann dort im Krankenhaus zurücklassen. An seiner Stelle musterte ein Amerikaner an. Dieser neue Bootsmann . . .

ELLIDA. Der Amerikaner?

LYNGSTRAND. . . . ja, er bekam eines Tages vom Kapitän einen ganzen Stapel alter Zeitungen geliehen, in denen er in einem fort las. Er wollte nämlich Norwegisch lernen, wie er sagte.

ELLIDA. Ja? Und weiter?

LYNGSTRAND. Es war eines Abends bei fürchterlichem Wetter. Alle Mann waren an Deck. Ausgenommen der Bootsmann und ich. Denn der hatte sich den Fuß verstaucht, so daß er nicht auftreten konnte. Und ich war auch krank und lag in der Koje. Nun ja, er saß also da in der Kabine und las mal wieder in den alten Zeitungen . . .

ELLIDA. Weiter! Weiter!

LYNGSTRAND. Aber wie er so dasitzt, höre ich, wie er eine Art Schrei ausstößt. Und als ich ihn ansehe, da ist sein Gesicht kreideweiß. Und dann knüllt und drückt er die Zeitung zusammen und zerreißt sie in tausend Stücke. Aber das tat er ganz ohne einen Laut.

ELLIDA. Er hat gar nichts gesagt? Sprach er überhaupt nicht?

LYNGSTRAND. Nicht sofort. Doch kurz darauf sagte er wie zu sich selbst: Heiratet. Einen anderen Mann. Während ich weg bin.

ELLIDA *(schließt die Augen und sagt halblaut)*. Hat er das gesagt?

LYNGSTRAND. Ja. Und stellen Sie sich vor – er hat das in korrektem Norwegisch gesagt. Dieser Mann muß unglaublich schnell die fremde Sprache gelernt haben.

ELLIDA. Und weiter? Was geschah danach?

LYNGSTRAND. Ja, dann folgt das Merkwürdige, das ich nie im Leben vergessen werde. Denn er fügte hinzu, auch das ganz leise: Aber sie ist mein, und mein soll sie bleiben. Mir soll sie folgen, und wenn ich wie ein Ertrunkener aus der schwarzen See heimkehren und sie holen muß.

ELLIDA *(gießt sich ein Glas Wasser ein, ihre Hand zittert)*. Puh, wie schwül ist es heute ist ...

LYNGSTRAND. Und das sagte er mit solchem Nachdruck, daß ich überzeugt war, daß er Manns genug sei, es auch zu tun.

ELLIDA. Wissen Sie nichts darüber ... was aus dem Mann geworden ist?

LYNGSTRAND. Ach, gnädige Frau, er ist bestimmt nicht mehr am Leben.

ELLIDA *(schnell)*. Wieso glauben Sie das?

LYNGSTRAND. Nun ja, danach erlitten wir im Kanal Schiffbruch. Ich konnte mich mit dem Kapitän und fünf anderen ins große Rettungsboot retten. Der Steuermann kam ins hintere Beiboot. Und da waren außer ihm noch der Amerikaner und ein weiterer Mann drin.

ELLIDA. Und von denen hat man seitdem nie wieder gehört?

LYNGSTRAND. Nein, Frau Wangel, kein Sterbenswörtchen. Mein Wohltäter hat es mir erst vor kurzem so geschrieben. Aber gerade deshalb möchte ich unbedingt ein Kunstwerk daraus machen. Die treulose Seemannsbraut sehe ich ganz deutlich vor Augen. Und dann den Rächer, der ertrunken ist und dennoch aus der See heimkehrt. Ich kann beide ganz deutlich vor mir sehen.

ELLIDA. Ich auch. *(Steht auf.)* Kommen Sie – lassen Sie uns hineingehen. Oder lieber zu Wangel hinunter! Ich finde es hier so drückend schwül. *(Sie tritt aus der Gartenlaube.)*

LYNGSTRAND *(der ebenfalls aufgestanden ist).* Ich für meinen Teil möchte mich verabschieden. Das sollte nur eine kleine Stippvisite aus Anlaß des Geburtstags sein.

ELLIDA. Nun gut, ganz wie Sie möchten. *(Gibt ihm die Hand.)* Auf Wiedersehen und vielen Dank für die Blumen.
(Lyngstrand verabschiedet sich und geht durch die Gartenpforte nach links ab.)

ARNHOLM *(steht auf und geht zu Ellida).* Ich habe wohl gesehen, daß es Ihnen nahegegangen ist, liebe Frau Wangel.

ELLIDA. O ja, das können Sie wohl sagen, obwohl ...

ARNHOLM. Aber im Grunde genommen mußten Sie doch auf so etwas vorbereitet sein.

ELLIDA *(sieht ihn verblüfft an).* Vorbereitet?

ARNHOLM. Ja, ich denke schon.

ELLIDA. Vorbereitet darauf, daß jemand damit wieder anfangen würde ... Und das auf diese Art und Weise!

ARNHOLM. Was soll das heißen? Geht es um das Seemannsgarn von diesem verwirrten Bildhauer ...?

ELLIDA. Oh, mein lieber Arnholm, vielleicht ist er gar nicht so verwirrt.

ARNHOLM. Hat tatsächlich dieses Gerede von dem toten Mann Sie derart erschüttert? Und ich dachte, daß ...

ELLIDA. Was dachten Sie?

ARNHOLM. Ich dachte natürlich, daß Sie sich nur verstellt hätten. Daß Sie wie auf die Folter gespannt dasaßen, weil Ihnen klar geworden ist, daß hier im Haus heimlich ein Familienfest gefeiert wird. Daß Ihr Mann und seine Kinder Erinnerungen pflegen, an denen Sie keinen Anteil haben.

ELLIDA. O nein, nein. Das ist mir ziemlich gleichgültig. Ich habe kein Recht, meinen Mann ganz für mich allein beanspruchen zu wollen.

ARNHOLM. Das sollten Sie meiner Meinung nach aber haben.

ELLIDA. Ja. Aber ich habe es nun mal nicht. So ist es. Ich
selbst lebe ja auch in Erinnerungen, von denen die anderen ausgeschlossen sind.

ARNHOLM. Sie! *(Leiser.)* Ist das so zu verstehen, daß ...? Sie
... Sie lieben Ihren Mann eigentlich gar nicht?

ELLIDA. O doch, doch, von ganzem Herzen liebe ich ihn.
Und gerade deshalb ist es so furchtbar ... so unerklärlich
... so undenkbar ...!

ARNHOLM. Nun sollten Sie mir aber endlich Ihre Sorgen offen und ehrlich anvertrauen! Wollen Sie das, Frau Wangel?

ELLIDA. Ich kann es nicht, mein lieber Freund. Jedenfalls
jetzt nicht. Vielleicht später.
(Bolette tritt auf die Veranda und geht in den Garten hinunter.)

BOLETTE. Vater kommt gleich aus der Praxis. Wollen wir
uns nicht alle zusammen in den Wintergarten setzen?

ELLIDA. Ja, das tun wir.
*(Wangel, der sich umgezogen hat, kommt mit Hilde von links
hinter dem Haus hervor.)*

WANGEL. Bitteschön! Hier habt ihr mich, ganz zu eurer Ver-
fügung. Jetzt könnte uns ein kühler Schluck gut tun.

ELLIDA. Einen Augenblick. *(Sie geht in die Gartenlaube und holt
den Blumenstrauß.)*

HILDE. Nein, seht nur! So schöne Blumen! Woher hast du
die denn?

ELLIDA. Die hat mir der Bildhauer Lyngstrand geschenkt,
meine liebe Hilde.

HILDE *(stutzt)*. Lyngstrand?

BOLETTE *(unruhig)*. War Lyngstrand schon wieder hier?

ELLIDA *(mit leichtem Lächeln)*. Ja. Er kam mit dem Strauß.
Aus Anlaß des Geburtstags, weißt du.

BOLETTE *(schaut verstohlen zu Hilde)*. Oh!

HILDE *(murmelt)*. Dieser Schwachkopf!

WANGEL *(sichtlich verlegen, zu Ellida)*. Hm, ja ... weißt du ...
Ich muß dir sagen, meine liebe, gute, geliebte Ellida ...

ELLIDA *(unterbricht ihn)*. Nun kommt, Kinder. Wir wollen

die Blumen zu den anderen ins Wasser stellen. *(Sie geht auf die Veranda hinauf.)*

BOLETTE *(leise zu Hilde)*. Na ja, nett ist es aber eigentlich doch von ihr.

HILDE *(halblaut, sieht wütend aus)*. Quatsch. Sie tut doch nur so, um Vater zu gefallen.

WANGEL *(auf der Veranda, drückt Ellidas Hand)*. Danke, danke! Ganz herzlichen Dank dafür, Ellida!

ELLIDA *(ordnet die Blumen)*. Ach was, warum sollte ich nicht auch etwas Hübsches beisteuern zu . . . Mutters Geburtstag?

ARNHOLM. Hm . . . *(Er geht zu Wangel und Ellida hinauf. Bolette und Hilde bleiben unten im Garten.)*

Zweiter Akt

Oben bei der »Schönen Aussicht«, einer mit Heidekraut be-
wachsenen Anhöhe hinter der Stadt. Weiter hinten stehen
ein Seezeichen und eine Wetterfahne. Felsblöcke, als Sitz-
plätze gedacht, sind um das Seezeichen und im Vordergrund
plaziert. Ganz im Hintergrund ist der äußere Fjord mit sei-
nen Inseln und einer hervorspringenden Halbinsel zu sehen.
Das offene Meer sieht man nicht. Eine helle Sommernacht
mit goldrotem Schimmer in der Luft und über den Berggip-
feln weit in der Ferne. Vierstimmiger Gesang ist leise von
unten zwischen den Bergen rechts zu hören.
Junge Leute aus der Stadt, Damen und Herren, kommen
paarweise von rechts hinauf, gehen in vertraulichem Ge-
spräch am Seezeichen vorbei und ab nach links. Kurz darauf
kommt Ballested als Führer einer Gruppe ausländischer
Touristen und ihrer Damen. Er ist bepackt mit Schals und
Reisetaschen.

BALLESTED *(zeigt mit dem Stock nach oben)*. You see, ladies and
   gentlemen – there hinten is another Gipfel. This we want
   to climb on auch noch and dann down . . . *(Fährt auf eng-*
   lisch fort und führt die Reisegruppe nach links ab.)
   (Hilde kommt eilig rechts den Abhang herauf, bleibt stehen und
   schaut zurück. Kurz darauf kommt Bolette den gleichen Weg her-
   auf.)
BOLETTE. Aber Hilde, warum sollten wir Lyngstrand denn
   davonlaufen?
HILDE. Weil ich es nicht ausstehen kann, die Berge so langsam hochzusteigen. Guck nur, wie er heraufkriecht.
BOLETTE. Aber du weißt doch, wie schlecht es ihm geht.
HILDE. Meinst du, daß es sehr ernst ist?
BOLETTE. Ja, ich denke schon.
HILDE. Er war ja heute nachmittag bei Vater. Ich möchte nur
   wissen, was Vater von ihm hält.

BOLETTE. Vater hat mir erzählt, daß es sich um eine Verhär-
tung in der Lunge handelt – oder so ähnlich. Er wird
nicht alt werden, meint Vater.

HILDE. Wirklich – hat er das gesagt? Stell dir vor, genau das
habe ich mir auch gedacht.

BOLETTE. Aber du darfst dir um Gottes willen nichts anmerken lassen.

HILDE. Wie kannst du so was nur denken. *(Halblaut.)* Sieh
nur, jetzt hat Hans den Weg nach oben geschafft. Hans
... Findest du nicht auch, daß man ihm schon äußerlich
ansieht, daß er Hans heißt?

BOLETTE *(flüstert)*. Nun benimm dich aber! Das sage ich dir.
*(Lyngstrand kommt von rechts mit einem Sonnenschirm in der
Hand.)*

LYNGSTRAND. Ich muß mich bei den jungen Damen entschuldigen, daß ich nicht so schnell bin.

HILDE Sie haben jetzt einen Sonnenschirm?

LYNGSTRAND. Der gehört Ihrer Mutter. Sie hat ihn mir gegeben, damit ich ihn als Stock benutze. Ich hatte keinen dabei.

BOLETTE. Sind die immer noch da unten? Vater und die anderen?

LYNGSTRAND. Ja, Ihr Vater ist ins Lokal eingekehrt. Und die
anderen sitzen draußen und hören der Musik zu. Aber sie
wollen anschließend auch hier hoch kommen, hat Ihre
Mutter gesagt.

HILDE *(steht da und betrachtet ihn)*. Sie sind jetzt aber bestimmt müde.

LYNGSTRAND. Ja, ich glaube wirklich, daß ich ein wenig
müde bin. Ich denke, ich setze mich eine Weile hin und
ruhe mich aus. *(Er setzt sich auf einen Felsen rechts im Vordergrund.)*

HILDE *(steht vor ihm)*. Wissen Sie, daß nachher unten bei der
Bühne getanzt werden soll?

LYNGSTRAND. Ja, ich habe davon reden hören.

HILDE. Sie tanzen doch sicher gern, oder?

BOLETTE *(läuft umher und pflückt Blumen in der Heide).* Hilde,
jetzt laß Herrn Lyngstrand doch erst mal zu Atem kommen.

LYNGSTRAND *(zu Hilde).* Ja, sicher, ich würde gern tanzen,
wenn ich es nur könnte.

HILDE. Ach – haben Sie es nie gelernt?

LYNGSTRAND. Nein, das auch nicht. Aber das habe ich nicht
gemeint. Ich meinte, daß ich es wegen meiner Brust nicht
kann.

HILDE. Weil Sie diesen Knacks haben, wie Sie immer sagen?

LYNGSTRAND. Ja, deshalb.

HILDE. Sind Sie sehr traurig darüber, daß Sie diesen Knacks
haben?

LYNGSTRAND. O nein, das kann ich nun auch wieder nicht
sagen. *(Lächelt.)* Ich glaube nämlich, daß nur deshalb alle
Menschen so nett, freundlich und hilfsbereit zu mir sind.

HILDE. Ja, außerdem ist es ja auch nichts Ernstes.

LYNGSTRAND. Nein, es ist überhaupt nichts Ernstes. Das hat
Ihr Vater mir auch versichert.

HILDE. Und dann wird es vorübergehen, sobald Sie nur reisen können.

LYNGSTRAND. Ja, richtig. Dann geht es vorüber.

BOLETTE *(mit Blumen).* Hier, Herr Lyngstrand, die können
Sie sich ins Knopfloch stecken.

LYNGSTRAND. Oh, vielen, vielen Dank, mein Fräulein. Das
ist aber wirklich nett von Ihnen.

HILDE *(schaut nach rechts unten).* Da unten kommen sie den
Weg herauf.

BOLETTE *(schaut auch nach unten).* Hoffentlich wissen sie, wo
sie abbiegen müssen. Nein, jetzt sind sie falsch gegangen.

LYNGSTRAND *(steht auf).* Ich werde bis zur Biegung hinunter-
laufen und sie warnen.

HILDE. Dann müssen Sie aber ziemlich laut rufen.

BOLETTE. Nein, das hat doch keinen Sinn. Das wird Sie nur
wieder anstrengen.

LYNGSTRAND. Ach, hinunter ist es doch leicht. *(Er geht nach
rechts ab.)*

HILDE. Ja, hinunter sicher. *(Schaut ihm nach.)* Jetzt läuft er auch noch! Und denkt nicht daran, daß er wieder hinauf muß.

BOLETTE. Armer Kerl ...

HILDE. Wenn Lyngstrand um deine Hand anhalten würde, würdest du ihn nehmen?

BOLETTE. Bist du total verrückt geworden?

HILDE. Na, ich meine natürlich, wenn er nicht diesen Knacks hätte. Und nicht bald sterben würde. Würdest du ihn dann nehmen?

BOLETTE. Ich denke, es wäre das beste, wenn *du* ihn nehmen würdest.

HILDE. Das würde mir nicht im Traum einfallen. Er besitzt doch keinen roten Heller. Und hat nicht mal genug für seinen eigenen Lebensunterhalt.

BOLETTE. Aber warum gibst du dich dann immer so viel mit ihm ab?

HILDE. Das mache ich doch nur, weil er diesen Knacks hat.

BOLETTE. Ich habe noch gar nicht gemerkt, daß er dir deshalb leid tut.

HILDE. Nein, das tut er auch nicht. Aber ich finde es so spannend.

BOLETTE. Was?

HILDE. Ihn dazu zu bringen, zu erzählen, daß es nichts Ernstes ist. Und daß er ins Ausland fahren will und daß er Künstler werden will. Woran er so alles glaubt und deshalb so unglaublich zufrieden ist. Und dann wird doch nichts draus werden. Niemals. Denn er wird nicht so lange leben. Sich das vorzustellen, finde ich so spannend.

BOLETTE. Spannend!

HILDE. Ja, ich finde es eben spannend. Ich gebe es zu.

BOLETTE. Pfui, Hilde, wie eklig du bist.

HILDE. Das will ich auch sein. Jetzt erst recht! *(Schaut hinunter.)* Na endlich! Arnholm gefällt es anscheinend auch nicht, Berge hochzukraxeln. *(Dreht sich um.)* Ach, übrigens, weißt du, was ich beim Mittagessen an Arnholm entdeckt habe?

BOLETTE. Nun?

HILDE. Stell dir vor, ihm fallen die Haare aus, hier mitten auf dem Kopf.

BOLETTE. Ach, Blödsinn. Das ist bestimmt nicht wahr.

HILDE. O doch. Und dann hat er an beiden Augen Falten. O Gott, Bolette, wie konntest du dich nur in ihn verknallen damals, als er dich unterrichtet hat!

BOLETTE *(lächelt)*. Ja, das kann man sich kaum vorstellen, nicht? Und ich weiß noch, wie ich einmal heiße Tränen vergossen habe, weil er gesagt hat, er fände, Bolette sei ein häßlicher Name.

HILDE. Wirklich? *(Schaut wieder hinunter.)* Komm her, das mußt du dir angucken. Jetzt geht die »Frau vom Meer« doch neben ihm und unterhält sich mit ihm und nicht mit Vater. – Möchte nur wissen, ob die beiden nicht was miteinander haben . . .

BOLETTE. Also, du solltest dich was schämen. Wie kannst du nur so über sie reden? Wo es doch zwischen uns in letzter Zeit so gut geklappt hat . . .

HILDE. Bilde dir das nur ein, du spinnst ja! Zwischen ihr und uns wird es nie wirklich gut werden. Sie paßt einfach nicht zu uns. Und wir nicht zu ihr. Die Götter mögen wissen, warum Vater sie in unser Haus geholt hat! – Es würde mich nicht wundern, wenn sie eines schönen Tages verrückt würde.

BOLETTE. Verrückt! Wie kommst du denn da drauf?

HILDE. Nun, das ist gar nicht so abwegig. Ihre Mutter ist doch auch verrückt geworden. Und ich weiß, daß sie auch verrückt gestorben ist.

BOLETTE. Ich möchte wissen, wo du nicht überall deine Nase reinsteckst. Aber sprich nicht drüber. Sei so gut – Vater zuliebe. Hast du gehört, Hilde?

(Wangel, Ellida, Arnholm und Lyngstrand erreichen die Anhöhe.)

ELLIDA *(deutet auf den Hintergrund)*. Dort hinten liegt es!

ARNHOLM. Ja, stimmt, in der Richtung muß es sein.

ELLIDA. Dort hinten liegt das Meer.

BOLETTE *(zu Arnholm)*. Und, finden Sie es nicht schön hier oben?

ARNHOLM. Ich finde es großartig hier. Eine herrliche Aussicht.

WANGEL. Sie sind wohl noch nie hier oben gewesen?

ARNHOLM. Nein, nie. Ich glaube, zu meiner Zeit war es hier auch kaum zugänglich. Es gab nicht einmal einen Fußweg.

WANGEL. Es war auch noch nichts kultiviert. Das ist erst im letzten Jahr gemacht worden.

BOLETTE. Da hinten vom »Lotsenhügel« ist der Ausblick noch gewaltiger.

WANGEL. Wollen wir dorthin gehen, Ellida?

ELLIDA *(setzt sich rechts auf einen Fels)*. Nein danke, ich nicht. Aber ihr könnt ruhig gehen. Ich bleibe so lange hier sitzen.

WANGEL. Dann bleibe ich bei dir. Die Mädchen können Herrn Arnholm ja etwas herumführen.

BOLETTE. Haben Sie Lust, mit uns zu kommen, Herr Arnholm?

ARNHOLM. Ja, sehr gern. Gibt es dort hinauf auch einen Weg?

BOLETTE. O ja, einen guten, breiten Weg.

HILDE. Der Weg ist so breit, daß dort bequem zwei Menschen Arm in Arm gehen können.

ARNHOLM *(scherzhaft)*. Wirklich, Fräulein Hilde? *(Zu Bolette.)* Sollen wir ausprobieren, ob es stimmt, was sie sagt?

BOLETTE *(unterdrückt ein Lächeln)*. Von mir aus gern. *(Sie gehen Arm in Arm nach links ab.)*

HILDE *(zu Lyngstrand)*. Wollen wir auch . . .?

LYNGSTRAND. Eingehakt?

HILDE. Ja, warum nicht? Ich habe nichts dagegen.

LYNGSTRAND *(nimmt ihren Arm und lacht zufrieden)*. Das ist wirklich zum Schießen komisch!

HILDE. Zum Schießen?

LYNGSTRAND. Ja, weil es ganz so aussieht, als seien wir verlobt.

HILDE. Sie sind wohl nie mit einer Dame Arm in Arm spazieren gegangen, Herr Lyngstrand. *(Sie gehen nach links ab.)*

WANGEL *(am Seezeichen stehend)*. Jetzt haben wir eine Weile für uns allein, liebe Ellida.

ELLIDA. Ja, komm her und setz dich zu mir.

WANGEL *(setzt sich)*. Hier ist es so friedlich und still. Jetzt können wir ein bißchen miteinander reden.

ELLIDA. Worüber?

WANGEL. Über dich. Und über unsere Beziehung, Ellida. Ich sehe nur zu gut, daß es so nicht weitergehen kann.

ELLIDA. Und wie sollte es deiner Meinung nach weitergehen?

WANGEL. Mit vollem Vertrauen, meine Liebe, einem wirklichen Zusammenleben zwischen uns – wie früher.

ELLIDA. Ach, wenn das nur ginge! Aber das ist einfach unmöglich!

WANGEL. Ich glaube, ich verstehe dich. Aufgrund einiger Bemerkungen, die du hier und da hast fallen lassen, verstehe ich dich.

ELLIDA *(bewegt)*. Das tust du nicht! Sage nur nicht, daß du mich verstehst!

WANGEL. O doch. Du bist ein so ehrliches Wesen, Ellida. Und du bist treu ...

ELLIDA. Ja, das bin ich.

WANGEL. Aber damit du dich in einer Beziehung sicher und glücklich fühlen kannst, muß sie vollkommen sein.

ELLIDA *(schaut ihn gespannt an)*. Ja ... und weiter?

WANGEL. Du bist nicht dazu geschaffen, die zweite Ehefrau eines Mannes zu sein.

ELLIDA. Wie kommst du denn darauf?

WANGEL. Das ist schon öfters wie eine Ahnung über mich gekommen. Aber heute ist es mir ganz klar: Das Erinnerungsfest der Kinder ... Du hast mich als eine Art Mitschuldigen angesehen ... Nun ja, die Erinnerungen eines Mannes können nicht einfach ausgelöscht werden. Zumindest meine nicht. Ich kann es nicht.

ELLIDA. Das weiß ich. Oh, das weiß ich nur zu gut.

WANGEL. Und dennoch irrst du dich. Dir scheint es so, als würde die Mutter meiner Kinder noch leben. Als sei sie unsichtbar unter uns. Du glaubst, daß meine Gefühle zwischen ihr und dir geteilt sind. Und dieser Gedanke empört dich. Du siehst etwas Unseliges in unserer Beziehung. Und deshalb kannst – oder willst du nicht länger als meine Ehefrau mit mir leben.

ELLIDA *(steht auf)*. Das alles hast du erkannt, Wangel? Hast alles verstanden?

WANGEL. Ja, heute habe ich endlich alles verstanden. Bis auf den Grund.

ELLIDA. Bis auf den Grund, meinst du. Oh, glaube das nur nicht.

WANGEL *(steht auf)*. Ich weiß wohl, daß noch mehr dahintersteckt, meine liebe Ellida.

ELLIDA *(ängstlich)*. Du weißt, daß da noch mehr ist?

WANGEL. Ja. Und zwar kannst du die Gegend hier nicht ertragen. Die Berge drücken dir aufs Gemüt. Es ist dir hier nicht hell genug, der Himmel ist nicht weit genug nach allen Seiten, der Wind nicht stark und energisch genug.

ELLIDA. Da hast du vollkommen recht. Bei Tag und bei Nacht, winters und sommers bedrückt es mich, dieses verzehrende Heimweh nach dem Meer.

WANGEL. Das weiß ich doch, meine liebe Ellida. *(Legt seine Hand auf ihren Kopf.)* Und deshalb soll das arme, kranke Kind auch wieder nach Hause kommen.

ELLIDA. Wie meinst du das?

WANGEL. Ganz wörtlich. Wir ziehen fort von hier.

ELLIDA. Wir sollen wegziehen von hier?

WANGEL. Ja. Irgendwohin ans offene Meer, dorthin, wo du ein richtiges Zuhause nach deinen Wünschen finden kannst.

ELLIDA. Oh, mein Guter, sag nicht so was! Das ist ganz unmöglich. Du wirst doch an keinem anderen Ort der Welt als hier glücklich werden.

WANGEL. Das werden wir ja sehen. Und außerdem – glaubst du denn, daß ich hier glücklich sein kann – ohne dich?

ELLIDA. Aber ich bin ja hier. Und ich bleibe hier. Du hast mich doch bei dir.

WANGEL. Wirklich, Ellida?

ELLIDA. Sag doch so etwas nicht. Hier hast du alles, wofür du lebst. Hier liegt doch deine Lebensaufgabe.

WANGEL. Die ist mir egal, sag ich dir. Wir ziehen von hier fort. Hinaus ans Meer. Das ist beschlossene Sache, liebe Ellida.

ELLIDA. Aber was werden wir deiner Meinung nach dadurch gewinnen?

WANGEL. Du wirst deine Gesundheit und deinen Seelenfrieden wiedergewinnen.

ELLIDA. Wohl kaum. Und du? Du mußt doch auch an dich denken. Was wirst du davon haben?

WANGEL. Ich werde dich zurückgewinnen, meine Liebe.

ELLIDA. Aber das kannst du nicht. Nein, nein, das kannst du nicht, Wangel! Das ist ja das Schreckliche, das Fürchterliche.

WANGEL. Das wird sich noch herausstellen. Jedenfalls, wenn du so denkst, gibt es wirklich keine andere Rettung für dich als von hier fort zu kommen. Und zwar je eher um so besser. Mein Entschluß steht unwiderruflich fest, hörst du.

ELLIDA. Nein! Dann muß ich dir in Gottes Namen eben noch andere Dinge erzählen. Und zwar geradeheraus.

WANGEL. Ja, ja, bitte tu das!

ELLIDA. Denn du sollst dich nicht um meinetwillen ins Unglück stürzen. Erst recht nicht, wenn es sowieso nichts nützt.

WANGEL. Ich habe also dein Wort, daß du mir alles erzählen willst – und zwar so, wie es ist.

ELLIDA. Ich werde es dir erzählen, so gut ich kann. Und wie ich es weiß. – Komm her und setz dich neben mich.

(Sie setzen sich auf die Steine.)

WANGEL. Nun, Ellida? Also?

ELLIDA. Damals, als du zu mir gekommen bist und mich gefragt hast, ob ich dir gehören wollte, da hast du mir offen
und ehrlich von deiner ersten Ehe erzählt, die so glücklich gewesen war.

WANGEL. Das war sie auch.

ELLIDA. Ja, ja, das glaube ich wohl, mein Lieber. Deshalb
komme ich jetzt nicht darauf zu sprechen. Ich will dich
nur daran erinnern, daß auch ich dir gegenüber ganz auf-
richtig war. Ich habe dir ja ohne Umschweife erklärt, daß
ich einmal in meinem Leben einen anderen geliebt habe.
Und daß es zu einer ... einer Art Verlobung gekommen
ist.

WANGEL. Einer Art ...?

ELLIDA. Ja, so ähnlich. Nun ja, das dauerte nicht lange. Er
ging fort. Und ich machte der Sache dann ein Ende. Das
habe ich dir damals alles erzählt.

WANGEL. Aber meine liebe Ellida, warum fängst du jetzt damit wieder an? Eigentlich geht es mich doch gar nichts
an. Und ich habe nicht einmal wissen wollen, wer dieser
Mann eigentlich war.

ELLIDA. Nein, das hast du nicht. Du bist immer so rück-
sichtsvoll mir gegenüber.

WANGEL *(lächelt)*. Ach, weißt du, in diesem Fall, da konnte
ich mir eigentlich selbst den Namen zusammenreimen.

ELLIDA. Den Namen?

WANGEL. In Skjoldvik und Umgebung gibt es ja nicht allzu
viele, die in Frage kommen könnten. Oder, genauer gesagt, da war eigentlich nur ein einziger ...

ELLIDA. Du denkst bestimmt, es war – Arnholm.

WANGEL. Ja, war er es etwa nicht?

ELLIDA. Nein.

WANGEL. Nicht? Ja, dann verstehe ich allerdings nichts
mehr.

ELLIDA. Kannst du dich dran erinnern, daß einmal im Spät-
herbst ein großes amerikanisches Schiff wegen Schiff-
bruchs in Skjoldvik einlief?

WANGEL. O ja, daran erinnere ich mich gut. Das war das Schiff, auf dem man eines Morgens den Kapitän ermordet in der Kajüte auffand. Ich habe ihn selbst obduziert.

ELLIDA. Ja, genau.

WANGEL. Ich glaube, es war der zweite Steuermann, der ihn umgebracht hat.

ELLIDA. Das kann keiner sagen. Die Sache ist nie aufgeklärt worden.

WANGEL. Na, darüber gibt es wohl dennoch keinen Zweifel. Warum soll er sich sonst später ertränkt haben?

ELLIDA. Er hat sich nicht ertränkt. Er ist mit einem Schiff gen Norden gefahren.

WANGEL *(stutzt)*. Woher weißt du das?

ELLIDA *(mit Überwindung)*. Nun ja, Wangel ... weil es der zweite Steuermann ist, mit dem ich ... verlobt war.

WANGEL *(springt auf)*. Was sagst du da? Ist das möglich?

ELLIDA. Ja, es ist wahr. Er war mein Verlobter.

WANGEL. Aber um alles in der Welt, Ellida ...! Wie konntest du nur! Dich mit so einem verloben! Mit einem wildfremden Mann! Wie hieß er denn?

ELLIDA. Damals nannte er sich Friman. Später, in den Briefen, unterschrieb er mit Alfred Johnston.

WANGEL. Und woher stammte er?

ELLIDA. Aus der Finnmark, hat er gesagt. Geboren war er übrigens in Finnland, er ist wohl als Kind mit seinem Vater nach Norwegen eingewandert.

WANGEL. Also ein Finnlandnorweger.

ELLIDA. Ja, so werden sie wohl genannt.

WANGEL. Und was weißt du noch von ihm?

ELLIDA. Nur, daß er schon früh zur See gefahren ist. Und daß er auf großer Fahrt war.

WANGEL. Und sonst nichts?

ELLIDA. Nein. Wir sind nie dazu gekommen, über so etwas zu sprechen.

WANGEL. Worüber habt ihr dann geredet?

ELLIDA. Meistens über das Meer.

WANGEL. Ach! Über das Meer!

ELLIDA. Ja, über Stürme und Flauten, über dunkle Nächte auf dem Meer, auch über das Meer an funkelnden Sonnentagen haben wir geredet. Aber meistens haben wir uns über Wale und Delphine unterhalten, und über Seehunde, die in der Mittagswärme draußen auf den Schären liegen. Auch über Möwen, Seeadler und all die anderen Seevögel, die man kennt. Und stell dir vor – ist das nicht merkwürdig, wenn wir darüber gesprochen haben, schien es mir oft, als wären die Meerestiere und Meeresvögel mit ihm verwandt.

WANGEL. Und du selbst . . .?

ELLIDA. Ja, mir war auch fast, als wäre ich mit ihnen verwandt.

WANGEL. So, so. Und dann hast du dich also mit ihm verlobt?

ELLIDA. Ja. Er meinte, ich sollte das tun.

WANGEL. Du solltest? Hattest du denn keinen eigenen Willen?

ELLIDA. Nicht, wenn er in der Nähe war. Nun ja, hinterher erschien mir das auch vollkommen unbegreiflich.

WANGEL. Warst du oft mit ihm zusammen?

ELLIDA. Nein, nicht gerade oft. Er kam eines Tages zu uns, um sich den Leuchtturm anzugucken. So lernte ich ihn kennen. Und danach haben wir uns einige Male getroffen. Aber dann passierte das mit dem Kapitän. Und deshalb mußte er dann abreisen.

WANGEL. Ja, sicher. Aber erzähl ein bißchen mehr davon.

ELLIDA. Einmal, es war früh im Morgengrauen, bekam ich einen Zettel von ihm. Und darauf stand, daß ich zu ihm nach Bratthammer kommen solle, du weißt, auf diese Felsspitze zwischen dem Leuchtturm und Skjoldvik.

WANGEL. Ja, natürlich, die kenne ich gut.

ELLIDA. Dorthin solle ich sofort kommen, schrieb er, weil er mit mir reden wolle.

WANGEL. Und du bist hingegangen?

ELLIDA. Ja. Ich konnte nicht anders. Und da hat er mir erzählt, daß er in der Nacht den Kapitän erstochen habe.

WANGEL. Das hat er sogar selbst gesagt! So ganz direkt!

ELLIDA. Ja. Aber er sagte auch noch, er habe nur getan, was
recht und billig ist.

WANGEL. Recht und billig? Warum hat er ihn dann nieder-
gestochen?

ELLIDA. Damit wollte er nicht heraus. Er meinte, das sei
nichts für meine Ohren.

WANGEL. Und du hast einfach seinen Worten geglaubt?

ELLIDA. Ja, etwas anderes wäre mir gar nicht eingefallen.
Nun ja, und er mußte ja sowieso fort. Aber als er sich
dann von mir verabschieden wollte ... Du wirst nie
drauf kommen, was er da getan hat.

WANGEL. Was denn? Nun sag's schon.

ELLIDA. Er holte einen Schlüsselring aus seiner Tasche und
zog sich dann einen Ring vom Finger, den er immer ge-
tragen hatte. Von mir nahm er auch einen kleinen Ring
von meiner Hand. Diese beiden Ringe schob er zusammen auf den Schlüsselring. Und dann sagte er, daß wir
beide uns nun dem Meer vermählen würden.

WANGEL. Vermählen?

ELLIDA. Ja, das Wort hat er benutzt. Und damit warf er den
Schlüsselring mit unseren Ringen mit ganzer Kraft so
weit er konnte in die Tiefe.

WANGEL. Und du, Ellida? Du hast dabei mitgemacht?

ELLIDA. Ja, stell dir vor, damals dachte ich, es müßte so sein.
Aber, Gott sei Dank, fuhr er dann ab!

WANGEL. Und als er schließlich fort war ...?

ELLIDA. Nun ja, du kannst dir wohl denken, daß ich danach
schnell wieder zur Besinnung kam. Und ich begriff, wie
vollkommen verrückt und sinnlos das Ganze gewesen
war.

WANGEL. Aber du sprachst vorhin von Briefen. Du hast also
danach doch noch von ihm gehört?

ELLIDA. Ja, ich habe von ihm gehört. Zuerst bekam ich ein

paar kurze Zeilen aus Archangelsk. Da schrieb er mir nur, daß er hinüber nach Amerika wolle. Und dann teilte er mir mit, wohin ich meine Antwort schicken könne.

WANGEL. Und du hast das getan?

ELLIDA. Augenblicklich. Ich schrieb ihm natürlich, daß zwischen uns alles aus sei. Und daß er nicht mehr an mich denken solle, wie auch ich nicht mehr an ihn denke.

WANGEL. Und hat er dir trotzdem wieder geschrieben?

ELLIDA. Ja, er hat mir noch geschrieben.

WANGEL. Und was hat er auf deine Erklärung geantwortet?

ELLIDA. Kein Wort. Es war, als hätte ich überhaupt nicht mit ihm gebrochen. Er schrieb ganz besonnen und ruhig, daß ich auf ihn warten solle. Er würde mich wissen lassen, wann er kommen werde, mich zu holen. Und dann solle ich unverzüglich mit ihm kommen.

WANGEL. Er wollte dich also nicht freigeben?

ELLIDA. Nein. Also habe ich ihm wieder geschrieben. Fast wortwörtlich das gleiche wie beim ersten Mal. Vielleicht nur etwas nachdrücklicher.

WANGEL. Und dann fand er sich endlich damit ab?

ELLIDA. O nein, glaub das nur nicht. Er schrieb ruhig wie zuvor. Kein Wort darüber, daß ich mit ihm gebrochen hatte. Da begriff ich, daß es ganz zwecklos war. Und deshalb habe ich ihm nie wieder geschrieben.

WANGEL. Und auch nichts mehr von ihm gehört?

ELLIDA. Doch, danach habe ich noch drei Briefe von ihm erhalten. Einmal schrieb er mir aus Kalifornien, und ein anderes Mal aus China. Der letzte Brief, den ich von ihm bekam, kam aus Australien. Da schrieb er mir, daß er in die Goldminen gehen wolle. Aber seitdem hat er nichts mehr von sich hören lassen.

WANGEL. Dieser Mann muß ja eine ungewöhnliche Macht über dich besessen haben, Ellida.

ELLIDA. O ja, dieser grauenvolle Mensch!

WANGEL. Aber jetzt denk nicht mehr daran. Nie mehr! Versprichst du mir das, meine liebe, süße Ellida? Wir werden

jetzt eine neue Kur für dich ausprobieren. Mit frischerer
Luft als hier in der Fjordmündung. Mit der salzigen, win-
digen Luft des Meeres! Was sagst du dazu?

ELLIDA. Ach, sprich nicht davon! Denke gar nicht erst
daran! Das würde mir auch nicht helfen. Ich spüre es genau – auch da draußen würde ich es nicht abschütteln
können.

WANGEL. Was denn? Meine Liebe, was meinst du damit?

ELLIDA. Das Grauenvolle meine ich. Diese unbegreifliche
Macht über die Sinne ...

WANGEL. Aber das hast du doch abgeschüttelt. Schon vor
langer Zeit. Damals, als du mit ihm gebrochen hast. Das
ist doch schon lange vorbei.

ELLIDA *(springt auf)*. Nein, das ist es ja gerade nicht!

WANGEL. Es ist nicht vorbei?

ELLIDA. Nein, Wangel, es ist nicht vorbei. Und ich fürchte,
es wird nie vorbei sein. Niemals in meinem Leben!

WANGEL *(mit gepreßter Stimme)*. Willst du damit sagen, daß du
in deinem Inneren diesen fremden Mann niemals vergessen hast?

ELLIDA. Ich hatte ihn vergessen. Aber dann war es, als sei er
zurückgekommen.

WANGEL. Wann war das?

ELLIDA. Das ist jetzt ungefähr drei Jahre her. Oder ein wenig mehr. – Es war zu der Zeit, als ich schwanger war.

WANGEL. Ach! Damals also? Ja, Ellida, dann wird mir so einiges klar.

ELLIDA. Du irrst dich, mein Lieber! Was da über mich gekommen ist ... Ach, ich glaube, das ist einfach nicht zu
erklären.

WANGEL *(schaut sie mit schmerzlichem Blick an)*. Man stelle sich
vor – drei Jahre hast du hier verbracht und warst voller
Liebe für einen anderen Mann. Für einen anderen! Nicht
für mich – sondern für einen anderen!

ELLIDA. Oh, da irrst du dich! Ich liebe niemanden außer
dir.

WANGEL *(gepreßt)*. Und warum um alles in der Welt hast du dann nicht wie eine Ehefrau mit mir gelebt?

ELLIDA. Aus Angst! Aus Angst, die der Fremde mir einflößt.

WANGEL. Angst . . .?

ELLIDA. Ja, Angst. Eine Angst, so schrecklich, wie sie meiner Meinung nach nur aus dem Meer kommen kann. Und hör weiter, Wangel . . .

(Von links kommen junge Leute aus der Stadt zurück, grüßen und gehen nach rechts ab. Mit ihnen kommen Arnholm, Bolette, Hilde und Lyngstrand.)

BOLETTE *(im Vorbeigehen)*. Also, seid ihr immer noch hier oben?

ELLIDA. Ja, hier auf der Anhöhe ist es so schön kühl.

ARNHOLM. Wir für unseren Teil wollen jetzt hinunter zum Tanz.

WANGEL. Macht das nur. Wir kommen bald nach.

HILDE. Dann bis gleich.

ELLIDA. Herr Lyngstrand, einen Moment bitte.

(Lyngstrand bleibt stehen. Arnholm, Bolette und Hilde gehen nach rechts ab.)

ELLIDA *(zu Lyngstrand)*. Wollen Sie auch tanzen?

LYNGSTRAND. Nein, Frau Wangel, das traue ich mich nicht.

ELLIDA. Es ist auch am besten, wenn Sie vorsichtig sind. Denn das mit Ihrer Brust, das haben Sie wohl noch nicht ganz überwunden.

LYNGSTRAND. Das stimmt, so ganz noch nicht, nein.

ELLIDA *(etwas zögerlich)*. Sagen Sie, wie lange ist es jetzt eigentlich her, daß Sie diese Fahrt gemacht haben . . .?

LYNGSTRAND. Sie meinen die, auf der ich den Knacks abgekriegt habe?

ELLIDA. Ja, diese Fahrt, von der Sie heute vormittag erzählt haben.

LYNGSTRAND. Nun, so ungefähr . . . Warten Sie. Doch, das wird gut und gerne drei Jahre her sein.

ELLIDA. Drei Jahre also.

LYNGSTRAND. Oder etwas mehr. Wir fuhren im Februar von Amerika los. Und im März hatten wir Schiffbruch. Das waren die Stürme zur Tagundnachtgleiche, in die wir geraten waren.

ELLIDA *(schaut Wangel an).* Also zu der Zeit, als ...

WANGEL. Was, meine liebe Ellida?

ELLIDA. Nun, lassen Sie sich nicht aufhalten, Herr Lyngstrand. Gehen Sie. Aber daß Sie mir nur nicht tanzen!

LYNGSTRAND. Nein, ich gucke nur zu. *(Er geht nach rechts ab.)*

WANGEL. Liebe Ellida, warum hast du ihn über diese Fahrt ausgefragt?

ELLIDA. Johnston war mit an Bord. Dessen bin ich mir ganz sicher.

WANGEL. Woraus schließt du das?

ELLIDA *(ohne auf seine Frage zu antworten).* Er hat an Bord erfahren, daß ich einen anderen geheiratet habe. Während er fort war. Und dann – zur gleichen Zeit ist sie über mich gekommen.

WANGEL. Diese Angst?

ELLIDA. Ja, seitdem kann ich ihn jederzeit ganz plötzlich vollkommen lebendig vor mir sehen. Oder eher etwas von der Seite, neben mir. Er sieht mich auch niemals an. Er ist nur einfach da.

WANGEL. Und wie sieht er aus?

ELLIDA. So, wie ich ihn das letzte Mal gesehen habe.

WANGEL. Vor zehn Jahren?

ELLIDA. Ja, da draußen auf Bratthammer. Und am deutlichsten erkenne ich seine Anstecknadel mit einer großen, blauweißen Perle darin. Diese Perle sieht aus wie ein totes Fischauge. Und das starrt mich geradezu an.

WANGEL. Um Gottes willen! Du bist ja kränker, als ich dachte. Kränker, als du selbst meinst, Ellida.

ELLIDA. Ja, ja, dann hilf mir, wenn du kannst! Denn ich habe das Gefühl, daß sich etwas immer enger um mich zusammenzieht.

WANGEL. Und in so einem Zustand läufst du jetzt schon drei

Jahre lang herum. Trägst diese heimlichen Leiden mit dir herum, ohne dich mir anzuvertrauen.

ELLIDA. Aber das konnte ich doch nicht! Nicht, solange es nicht unbedingt notwendig war – deinetwegen. Denn wenn ich dir das alles erzählt hätte, hätte ich dir ja auch anvertrauen müssen, was ... unaussprechlich ist.

WANGEL. Unaussprechlich?

ELLIDA (*abweisend*). Nein, nein nein! Frag nicht! Nur noch dies. Und dann nichts mehr ... Wangel ... wie sollen wir uns das erklären ... daß die Augen des Kindes so merkwürdig waren ...?

WANGEL. Liebste, beste Ellida, ich versichere dir, daß das nur eine Einbildung war. Das Kind hatte genau solche Augen wie alle anderen normalen Kinder auch.

ELLIDA. Nein, das stimmt nicht! Daß du das nicht gesehen hast! Seine Augen haben die Farbe mit dem Meer gewechselt. Wenn der Fjord im Sonnenschein dalag, waren auch die Augen so. Und im Sturm eben ganz anders. Ja, ja, ich habe es genau gesehen, auch wenn du es nicht bemerkt hast.

WANGEL (*nachgebend*). Hm ... mag ja sein. Und wenn dem so wäre? Was dann?

ELLIDA (*leise und näher zu Wangel*). Ich habe solche Augen schon mal gesehen.

WANGEL. Wann? Und wo?

ELLIDA. Draußen auf Bratthammer. Vor zehn Jahren.

WANGEL (*weicht einen Schritt zurück*). Was soll das ...!

ELLIDA (*flüstert bebend*). Das Kind hatte die Augen des Fremden.

WANGEL (*schreit unwillkürlich*). Ellida!

ELLIDA (*schlägt jammernd die Hände über dem Kopf zusammen*). Jetzt verstehst du wohl endlich, warum ich nie mehr, niemals mehr als deine Frau mit dir leben wollte! (*Sie wendet sich schnell ab und läuft nach rechts den Hügel hinunter.*)

WANGEL (*eilt ihr nach und ruft*). Ellida, Ellida! Meine arme, unglückliche Ellida!

Dritter Akt

Ein abseits gelegener Teil von Doktor Wangels Garten. Es ist feucht und sumpfig. Große, alte Bäume überschatten das Gelände. Rechts ist das Ufer eines modrigen Teichs zu sehen. Ein niedriger, geöffneter Zaun trennt den Garten vom Fußweg und dem Fjord im Hintergrund. Weit in der Ferne die Bergspitzen und Gebirgsreihen auf der anderen Seite des Fjords. Es ist später Nachmittag, gegen Abend hin.
Bolette sitzt auf einer Steinbank links und näht. Auf der Bank liegen einige Bücher und ein Nähkorb. Hilde und Lyngstrand, beide mit Angelzeug, gehen am Teichufer entlang.

HILDE *(gibt Lyngstrand ein Zeichen)*. Bleiben Sie stehen! Da ist ein großer!

LYNGSTRAND *(schaut auch)*. Wo denn?

HILDE *(zeigt)*. Können Sie denn nicht sehen? Da hinten. Und da! Verdammt, da ist noch einer! *(Schaut durch die Bäume.)* Mist, jetzt kommt er und verjagt sie uns alle!

BOLETTE *(schaut auf)*. Wer kommt?

HILDE. Dein Herr Studienrat, meine Liebe.

BOLETTE. Mein . . .?

HILDE. Ja, meiner ist er ja zum Glück nie gewesen.
(Studienrat Arnholm, von rechts, kommt zwischen den Bäumen hervor.)

ARNHOLM. Gibt es etwa Fische hier im Teich?

HILDE. Ja, ein paar ziemlich alte Goldfische.

ARNHOLM. Was, sind die alten Goldfische immer noch am Leben?

HILDE. Ja, die sind zäh. Aber jetzt versuchen wir, ein paar von ihnen zu erwischen.

ARNHOLM. Sie sollten es lieber draußen im Fjord probieren.

LYNGSTRAND. Nein, hier im Teich, das ist irgendwie viel geheimnisvoller.

HILDE. Ja, hier ist es einfach spannender. Waren Sie schon schwimmen?

ARNHOLM. Ja. Ich komme direkt vom Badehaus.

HILDE. Aber sicher waren Sie nur im Flachen, oder?

ARNHOLM. Nun ja, ein berühmter Schwimmer bin ich nicht gerade.

HILDE. Können Sie auf dem Rücken schwimmen?

ARNHOLM. Nein.

HILDE. Ich aber. *(Zu Lyngstrand.)* Lassen Sie es uns da auf der anderen Seite noch mal versuchen.

(Sie gehen am Ufer entlang nach rechts ab.)

ARNHOLM *(geht näher zu Bolette).* Sie sitzen hier so ganz allein, Bolette?

BOLETTE. Ach ja, das tu ich doch meistens.

ARNHOLM. Ist Ihre Mutter denn nicht im Garten?

BOLETTE. Nein, sie geht sicher mit Vater spazieren.

ARNHOLM. Wie geht es ihr heute nachmittag?

BOLETTE. Das weiß ich nicht so genau. Ich habe vergessen, zu fragen.

ARNHOLM. Und was für Bücher haben Sie da?

BOLETTE. Ach, eins, das ist sowas über Pflanzenlehre. Und das andere ist eine Beschreibung der Erde.

ARNHOLM. Lesen Sie gern so was?

BOLETTE. Ja, wenn ich Zeit dazu habe, dann ... Aber zuerst muß ich mich ja um den Haushalt kümmern.

ARNHOLM. Hilft denn Ihre Mutter, ich meine Ihre Stiefmutter, hilft sie Ihnen nicht dabei?

BOLETTE. Nein, das bleibt alles an mir hängen. Ich mußte mich ja die zwei Jahre, als Vater allein war, darum kümmern. Und seitdem ist es eben so geblieben.

ARNHOLM. Aber Sie haben trotzdem immer noch genauso viel Lust zu lesen.

BOLETTE. Ja, ich lese, was ich an nützlichen Büchern zu fassen bekomme. Man möchte doch gern über die Welt Bescheid wissen. Denn wer hier lebt, wird ja vollkommen abgetrennt von allem Geschehen. Na ja, fast jedenfalls.

ARNHOLM. Aber, liebe Bolette, sagen Sie das nicht.

BOLETTE. O doch. Ich finde, wir leben nicht viel anders als die Goldfische da im Teich. Der Fjord ist so nahe, und in ihm schwimmen die großen, wilden Fischschwärme herein und wieder hinaus. Doch davon erfahren die armen, zahmen Hausfische überhaupt nichts. Und daran teilhaben können sie auch niemals.

ARNHOLM. Aber ich glaube auch nicht, daß es ihnen besonders gut tun würde, wenn sie in den Fjord könnten.

BOLETTE. Ach, das wäre doch wohl egal, oder?

ARNHOLM. Außerdem können Sie nicht behaupten, daß Sie hier von allem Geschehen völlig abgeschnitten sind. Jedenfalls nicht im Sommer. Gerade im Augenblick ist das hier ja beinahe ein Treffpunkt der großen Welt. Fast ein Verkehrsknotenpunkt – jedenfalls vorübergehend.

BOLETTE (*lächelt*). Das sagen Sie, weil Sie auch zu den Durchreisenden gehören. Sie können sich leicht über uns lustig machen.

ARNHOLM. Wie kommen Sie darauf, daß ich mich über Sie lustig mache?

BOLETTE. Nun ja, das mit dem Treffpunkt und dem Verkehrsknotenpunkt, das sind doch Begriffe, die Sie von den Leuten in der Stadt gehört haben; die pflegen so zu reden.

ARNHOLM. Ja, ehrlich gesagt, mir ist das dort aufgefallen.

BOLETTE. Aber im Grunde genommen ist doch nichts Wahres dran. Jedenfalls nicht für uns, die wir ständig hier leben. Was nützt es uns, daß die große, fremde Welt hier vorbeischaut bei ihrer Fahrt zur Mitternachtssonne? Wir selbst können ja nicht mitfahren. Wir sehen nicht die Mitternachtssonne. O nein, wir dürfen treu und brav hier in unserem Goldfischtümpel herumschwimmen.

ARNHOLM (*setzt sich zu ihr*). Sagen Sie mir, liebe Bolette, gibt es da etwas Bestimmtes, irgend was, wonach Sie sich hier zu Hause besonders sehnen?

BOLETTE. O ja, das könnte schon sein.

ARNHOLM. Und was ist das? Wonach sehnen Sie sich so sehr?

BOLETTE. Am meisten danach, von hier wegzukommen.

ARNHOLM. Das steht an erster Stelle?

BOLETTE. Ja, und außerdem möchte ich mehr lernen. Die Wahrheit über alle Sachen erfahren.

ARNHOLM. Damals, als ich Sie unterrichtet habe, hat Ihr Vater mir immer wieder gesagt, daß Sie studieren sollten.

BOLETTE. Ach ja, mein armer Vater, er sagt so viel. Aber wenn es dann wirklich zur Sache geht ... Dann hat er nicht genügend Energie.

ARNHOLM. Nein, leider, das stimmt. Das hat er nicht. Aber haben Sie denn jemals mit ihm darüber gesprochen? Ich meine, wirklich ernsthaft und eindringlich?

BOLETTE. Nein, das habe ich eigentlich nicht.

ARNHOLM. Also, das sollten Sie aber wirklich tun. Und zwar, bevor es zu spät ist, Bolette. Warum tun Sie es nicht?

BOLETTE. Ach, vielleicht ist in mir auch nicht genug Energie. Das habe ich sicher von Vater geerbt.

ARNHOLM. Hm ... Aber tun Sie sich da nicht selbst unrecht?

BOLETTE. O nein, leider nicht. Und dann hat Vater ja auch kaum Zeit, an mich und meine Zukunft zu denken. Und viel Lust hat er bestimmt auch nicht dazu. So daß er das am liebsten vor sich herschiebt, wenn es nur irgend geht. Er ist ja dauernd mit Ellida beschäftigt ...

ARNHOLM. Mit wem ...? Und wieso ...?

BOLETTE. Ich meine, daß er und meine Stiefmutter ... *(Bricht ab.)* Vater und Mutter haben genug mit sich selbst zu tun, wissen Sie.

ARNHOLM. Na, aber dann ist es doch um so besser, wenn Sie zusehen, daß Sie von hier fortkommen.

BOLETTE. Ja, aber irgendwie finde ich, daß ich kein Recht dazu habe. Ich meine, Vater zu verlassen.

ARNHOLM. Aber, meine liebe Bolette, das müssen Sie doch

irgendwann so oder so. Deshalb finde ich, je eher, desto besser . . .

BOLETTE. Es gibt wohl keine andere Möglichkeit. Und ich muß ja auch an mich selbst denken und versuchen, irgend eine Stellung anzunehmen. Denn wenn Vater einmal stirbt, habe ich niemanden, an den ich mich wenden kann. – Aber andererseits, mein armer Vater, mir graust davor, von ihm wegzugehen.

ARNHOLM. Wieso graust es Ihnen?

BOLETTE. Nun, um Vaters willen.

ARNHOLM. Mein Gott noch mal, und Ihre Stiefmutter? Sie bleibt doch bei ihm.

BOLETTE. Ja, das schon. Aber sie kann einfach nicht all das bewältigen, was Mutter so gut im Griff hatte. Es gibt so vieles, was sie nicht sieht. Oder was sie vielleicht gar nicht sehen will – oder sie nicht interessiert. Ich weiß nicht, was es ist.

ARNHOLM. Hm, ich glaube, ich verstehe, worauf Sie hinaus wollen.

BOLETTE. Mein armer Vater, er ist manchmal so schwach. Vielleicht ist es Ihnen auch schon aufgefallen. Sein Beruf füllt ihn ja auch nicht die ganze Zeit über aus. Dazu kommt, daß sie überhaupt nicht in der Lage ist, ihn zu unterstützen. – Na ja, daran ist er in gewisser Weise selbst schuld.

ARNHOLM. Wieso kommen Sie denn darauf?

BOLETTE. Ach, Vater möchte doch am liebsten immer nur fröhliche Gesichter um sich haben. Im Haus soll eitel Sonnenschein und Zufriedenheit herrschen. Und ich fürchte, er gibt ihr viel zu oft ihre Medizin, als auf die Dauer gut für sie ist, damit das so bleibt.

ARNHOLM. Glauben Sie wirklich?

BOLETTE. Ja, der Verdacht läßt mich einfach nicht los. Denn mitunter ist sie so merkwürdig. *(Bewegt.)* Aber ist es nicht einfach ungerecht, daß ich immer noch hier herumhänge! Im Grunde genommen nützt es Vater doch gar nichts.

Und ich muß schließlich auch an mich selbst denken, oder?

ARNHOLM. Wissen Sie was, liebe Bolette, über diese Dinge sollten wir beide uns einmal ausführlicher unterhalten.

BOLETTE. Ach, das nützt ja doch nichts. Ich bin sicher dazu geschaffen, im Goldfischteich herumzuschwimmen, damit muß ich mich wohl abfinden.

ARNHOLM. Ganz und gar nicht. Das kommt allein auf Sie selbst an.

BOLETTE *(lebhaft)*. Meinen Sie?

ARNHOLM. Ja, glauben Sie mir. Das liegt ganz allein in Ihrer Hand.

BOLETTE. Ach, wenn das wahr wäre ... Wollen Sie nicht ein gutes Wort für mich bei Vater einlegen?

ARNHOLM. Das auch. Aber zuerst möchte ich ganz offen und ohne Vorbehalte mit Ihnen reden, Bolette. *(Schaut nach links.)* Pst! Lassen Sie sich nichts von unserem Gespräch anmerken. Wir kommen später darauf zurück.

(Ellida kommt von links. Sie trägt keinen Hut, hat nur ein großes Tuch über den Kopf und die Schultern geworfen.)

ELLIDA *(unruhig und aufgewühlt)*. Hier ist es schön! Ach, wie ist es hier herrlich!

ARNHOLM *(steht auf)*. Waren Sie spazieren?

ELLIDA. Ja, eine ganz lange, wunderbare Tour mit Wangel. Und jetzt wollen wir gleich segeln gehen.

BOLETTE. Willst du dich nicht setzen?

ELLIDA. Nein danke, nicht sitzen.

BOLETTE *(rutscht auf der Bank zur Seite)*. Hier ist genug Platz.

ELLIDA *(geht auf und ab)*. Nein, nein, nein. Ich möchte nicht sitzen. Bloß nicht sitzen.

ARNHOLM. Der Spaziergang hat Ihnen sicher gut getan. Sie sehen richtig tatendurstig aus.

ELLIDA. O ja, ich fühle mich rundum gut. Und ich fühle mich so unsagbar glücklich! So sicher! So sicher ... *(Schaut nach links.)* Was ist denn das für ein großes Schiff, das da kommt?

BOLETTE *(steht auf und schaut auch)*. Das muß der große englische Dampfer sein.

ARNHOLM. Er macht da draußen an der Tonne fest. Legt er
immer hier an?

BOLETTE. Ja, aber nur für eine halbe Stunde. Dann fährt er
tiefer in den Fjord hinein.

ELLIDA. Und dann wieder hinaus – morgen. Hinaus aufs
große, offene Meer. Über den Ozean. Stellt euch nur vor
– wenn man dort mitfahren könnte! Ach, wer das nur
könnte!

ARNHOLM. Haben Sie nie eine größere Seereise gemacht,
Frau Wangel?

ELLIDA. Niemals. Nur so kleine Touren hier in den Fjorden.

BOLETTE *(mit einem Seufzer)*. Ach nein, wir müssen uns wohl
mit dem festen Boden begnügen.

ARNHOLM. Nun ja, auf dem sind wir ja eigentlich auch zu
Hause.

ELLIDA. Nein, das glaube ich nun nicht.

ARNHOLM. Sie sind nicht auf dem Festland daheim?

ELLIDA. Nein, das glaube ich nicht. Ich glaube, wenn die
Menschen sich nur erst daran gewöhnen würden, auf dem
Meer zu leben – oder vielleicht sogar im Meer –, dann
würden sie auf ganz andere Art vollkommen werden, als
wir es sind. Sowohl besser als auch glücklicher.

ARNHOLM. Glauben Sie das wirklich?

ELLIDA. Ja, jedenfalls würde ich gern wissen, ob es nicht so
wäre. Ich habe oft mit Wangel darüber geredet …

ARNHOLM. Ja, und was sagt er dazu?

ELLIDA. Nun ja, er meint, daß dem schon so sein könnte.

ARNHOLM *(neckend)*. Mag ja sein. Aber es ist nun einmal pas-
siert. Wir sind ein für alle Mal auf den falschen Weg geraten und Landtiere statt Meerestiere geworden. Jetzt ist es
gewiß nicht mehr möglich, den Fehler zu korrigieren.

ELLIDA. Ja, da sprechen Sie eine traurige Wahrheit aus. Und
ich glaube, daß die Menschen so etwas auch ahnen. Und
daß sie es wie eine heimliche Last und Trauer mit sich

herumtragen. Sie können mir glauben – darin liegt der wahre Grund für die Schwermut des Menschen. O ja, glauben Sie mir.

ARNHOLM. Aber liebe Frau Wangel ... ich habe nicht den Eindruck, als seien die Menschen allgemein so schrecklich schwermütig. Im Gegenteil, ich finde, daß die meisten ihr Leben als hell und leicht ansehen, mit einer großen, stillen, unbewußten Freude darüber.

ELLIDA. O nein, das stimmt nicht. Diese Freude – sie ist zu vergleichen mit unserer Freude über einen langen, hellen Sommertag. Sie birgt den Gedanken an die kommende dunkle Zeit in sich. Und dieser Gedanke wirft seinen Schatten über die Menschenfreude, genau wie dahinjagende Wolkenbänke ihren Schatten über den Fjord werfen. Dabei lag er zunächst so glänzend und blau da. Aber dann, mit einem Mal ...

BOLETTE. Du solltest dich nicht mit so traurigen Gedanken herumquälen. Eben warst du doch noch so froh und munter ...

ELLIDA. Ja, ja, das stimmt. Oh, das ist, das ist so dumm von mir. *(Schaut sich unruhig um.)* Wenn nur Wangel endlich käme. Er hat es mir ganz fest versprochen. Aber er wird wohl doch nicht kommen. Er hat es bestimmt vergessen. Oh, lieber Herr Arnholm, wollen Sie nicht versuchen, ihn für mich zu finden?

ARNHOLM. Ja, sehr gern.

ELLIDA. Und sagen Sie ihm, daß er sofort kommen soll. Denn jetzt sehe ich gar nicht mehr ...

ARNHOLM. Sie sehen ihn gar nicht mehr?

ELLIDA. Ach, Sie verstehen mich nicht. Wenn er nicht da ist, dann weiß ich oft gar nicht mehr, wie er eigentlich aussieht. Und dann habe ich das Gefühl, ich hätte ihn bereits verloren. – Und das ist so schrecklich. Aber gehen Sie! *(Sie geht am Teich entlang auf und ab.)*

BOLETTE *(zu Arnholm).* Ich komme mit Ihnen. Sie wissen ja nicht so genau Bescheid ...

ARNHOLM. Ach was, ich werde schon ...

BOLETTE *(halblaut)*. Nein, nein, ich bin unruhig. Ich fürchte, er ist an Bord des Dampfers.

ARNHOLM. Sie fürchten?

BOLETTE. Ja, er schaut immer gern nach, ob Bekannte unter den Passagieren sind. Und dann gibt es an Bord ja eine Restauration ...

ARNHOLM. Ach so! Ja, dann kommen Sie. *(Er und Bolette gehen nach links ab.)*

(Ellida steht eine Weile unbeweglich da und starrt auf den Teich. Ab und zu spricht sie leise und stoßweise mit sich selbst. – Draußen auf dem Fußweg hinter dem Gartenzaun kommt von links ein fremder Mann in Reisekleidung. Er hat struppiges rötliches Haar und ebensolchen Bart, eine Schottenmütze auf dem Kopf und eine Reisetasche mit langem Riemen über der Schulter.)

DER FREMDE MANN *(geht langsam am Zaun entlang und schaut suchend in den Garten; als er Ellida entdeckt, bleibt er stehen, schaut sie unverwandt und forschend an und sagt leise).* Guten Abend, Ellida!

ELLIDA *(dreht sich um und ruft).* Oh, Geliebter, kommst du endlich!

DER FREMDE. Ja, nun endlich.

ELLIDA *(schaut ihn überrascht und ängstlich an).* Wer sind Sie? Suchen Sie jemanden hier?

DER FREMDE. Das weißt du doch genau.

ELLIDA *(stutzt).* Was soll das heißen? Wie reden Sie mit mir? Wen suchen Sie?

DER FREMDE. Natürlich dich.

ELLIDA *(zuckt zusammen).* Oh ...! *(Starrt ihn an, fährt zurück und stößt einen unterdrückten Schrei aus.)* Die Augen! Die Augen!

DER FREMDE. Na also, erkennst du mich endlich wieder? Ich habe dich sofort wiedererkannt, Ellida.

ELLIDA. Diese Augen! Sehen Sie mich nicht so an! Sonst rufe ich um Hilfe!

DER FREMDE. Pst, nicht so laut! Hab keine Angst. Ich tu dir
doch nichts.

ELLIDA *(verbirgt ihr Gesicht in den Händen)*. Sieh mich nicht so
an, hab ich gesagt!

DER FREMDE *(stützt sich mit den Armen auf den Gartenzaun)*. Ich
bin mit dem englischen Dampfer gekommen.

ELLIDA *(schaut verstohlen zu ihm hin)*. Was wollen Sie von mir?

DER FREMDE. Ich habe dir doch versprochen, daß ich so bald
wie möglich wiederkommen würde ...

ELLIDA. Gehen Sie wieder fort und kommen Sie nie, niemals
wieder her! Ich habe doch geschrieben, daß es aus ist zwischen uns. Alles ist aus! Das wissen Sie doch.

DER FREMDE *(unbeeindruckt, ohne darauf zu antworten)*. Ich
wollte eigentlich schon früher kommen. Aber das konnte
ich nicht. Erst jetzt war es möglich. Und nun hast du
mich wieder, Ellida.

ELLIDA. Was wollen Sie von mir? Was denken Sie sich?
Warum sind Sie gekommen?

DER FREMDE. Du kannst dir doch denken, daß ich gekommen bin, dich zu holen.

ELLIDA *(weicht ängstlich zurück)*. Mich holen! Das wollen Sie?

DER FREMDE. Ja, natürlich.

ELLIDA. Aber Sie müssen doch wissen, daß ich verheiratet
bin.

DER FREMDE. Ja, das weiß ich.

ELLIDA. Und dennoch ...! Dennoch kommen Sie her, um
... um mich ... zu holen!

DER FREMDE. Ja, natürlich.

ELLIDA *(faßt sich mit beiden Händen an den Kopf)*. O wie fürch-
terlich, wie grauenvoll ...

DER FREMDE. Willst du etwa nicht?

ELLIDA *(verzweifelt)*. Sehen Sie mich nicht so an!

DER FREMDE. Ich habe gefragt, ob du nicht willst?

ELLIDA. Nein, nein, nein! Ich will nicht! Niemals im Leben!
Ich will nicht, habe ich gesagt. Ich kann und ich will
nicht! *(Leiser.)* Und ich traue mich auch nicht.

DER FREMDE *(steigt über den Zaun in den Garten)*. Nun gut, Ellida, aber dann laß mich dir nur noch eines sagen, bevor ich wieder gehe.

ELLIDA *(will flüchten, kann aber nicht; sie steht da wie vom Schrek-ken gelähmt und lehnt sich gegen einen Baumstamm am Teich-ufer)*. Rühren Sie mich nicht an. Kommen Sie nicht her! Nicht näher! Rühren Sie mich nicht an, habe ich gesagt!

DER FREMDE *(geht behutsam ein paar Schritte auf sie zu)*. Du mußt doch nicht solche Angst vor mir haben, Ellida.

ELLIDA *(schlägt die Hände vors Gesicht)*. Sehen Sie mich nicht so an!

DER FREMDE. Nur keine Angst, keine Angst.

(Doktor Wangel kommt von links durch den Garten heran.)

WANGEL *(noch halb zwischen den Bäumen)*. Na, jetzt hast du aber reichlich lange auf mich warten müssen.

ELLIDA *(stürzt ihm entgegen, klammert sich an seinen Arm und ruft)*. O Wangel, rette mich! Rette mich – wenn du kannst!

WANGEL. Ellida, was in Gottes Namen . . .!

ELLIDA. Rette mich, Wangel! Siehst du ihn denn nicht? Da hinten steht er doch!

WANGEL *(schaut dorthin)*. Der Mann da? *(Geht näher auf ihn zu.)* Darf ich fragen, wer Sie sind? Und wieso Sie in unse-ren Garten eindringen?

DER FREMDE *(mit einem Kopfnicken zu Ellida)*. Ich will mit der da reden.

WANGEL. Ach so. Dann waren Sie es wohl . . . *(Zu Ellida.)* Ich habe gehört, daß ein fremder Mann bei uns war und nach dir gefragt hat.

DER FREMDE. Ja, das war ich.

WANGEL. Und was wollen Sie von meiner Frau? *(Dreht sich um.)* Kennst du ihn, Ellida?

ELLIDA *(leise, die Hände ringend)*. Ob ich ihn kenne? O ja.

WANGEL *(schnell)*. Was?

ELLIDA. Aber das ist doch *er*, Wangel! Er selbst! Er, weißt du . . .

WANGEL. Was! Was sagst du da? *(Dreht sich um.)* Sind Sie dieser Johnston, der damals . . .

DER FREMDE. Nun ja . . . Sie können mich ruhig Johnston nennen. Von mir aus. Aber übrigens heiße ich nicht so.

WANGEL. Nein?

DER FREMDE. Nein, jetzt nicht mehr.

WANGEL. Und was wollen Sie von meiner Frau? Denn Sie wissen doch wohl, daß die Leuchtturmswächtertochter schon seit langem verheiratet ist. Und mit wem sie verheiratet ist, das müssen Sie doch auch wissen.

DER FREMDE. Das weiß ich schon seit über drei Jahren.

ELLIDA *(gespannt)*. Und wie haben Sie das erfahren?

DER FREMDE. Ich war auf dem Weg heim zu dir. Da fiel mir eine alte Zeitung in die Hand. Die war hier aus der Gegend. Und in der stand was über die Vermählung.

ELLIDA *(schaut vor sich hin)*. Die Vermählung . . . Also das war es . . .

DER FREMDE. Das hat mich schon merkwürdig berührt. Denn das mit den Ringen, das war ja auch wie eine Vermählung, Ellida.

ELLIDA *(schlägt sich die Hände vors Gesicht)*. Ach!

WANGEL. Wie können Sie es wagen . . . !

DER FREMDE. Hast du das vergessen?

ELLIDA *(spürt seinen Blick und stößt hervor)*. Stehen Sie nicht so da, sehen Sie mich nicht so an!

WANGEL *(stellt sich vor ihn)*. Sie müssen sich schon an mich und nicht an sie wenden. Also, kurz und gut, jetzt, wo Sie die Verhältnisse kennen, was haben Sie eigentlich hier zu suchen? Warum kommen Sie her und belästigen meine Frau?

DER FREMDE. Ich hatte Ellida versprochen, zu ihr zu kommen, so schnell ich könnte.

WANGEL. Ellida . . . Wieder!

DER FREMDE. Und Ellida hatte mir aus vollstem Herzen versprochen, zu warten, bis ich komme.

WANGEL. Ich höre, daß Sie meine Frau mit Vornamen anre-
den. Derartige Vertraulichkeiten sind wir hier nicht gewohnt.

DER FREMDE. Das weiß ich wohl. Aber da sie in erster Linie
zu mir gehört ...

WANGEL. Zu Ihnen! Immer noch?

ELLIDA *(stellt sich hinter Wangel)*. Oh! Er wird mich nie freigeben!

WANGEL. Sie! Meinen Sie immer noch, daß sie zu Ihnen gehört?

DER FREMDE. Hat Sie Ihnen nichts von zwei Fingerringen
erzählt? Meinem und Ellidas?

WANGEL. Natürlich. Ja, und? Sie hat es doch später wieder
rückgängig gemacht. Sie haben doch ihre Briefe bekommen. Also wissen Sie es selbst nur zu gut.

DER FREMDE. Wir beide, Ellida und ich, waren uns darin einig, daß die Sache mit den Ringen gelten sollte und voll
und ganz wie eine Trauung anzusehen wäre.

ELLIDA. Aber ich will nicht, hören Sie doch! Nie im Leben
will ich wieder etwas von Ihnen wissen. Sehen Sie mich
nicht so an! Ich will nicht, habe ich gesagt!

WANGEL. Sie müssen vollkommen verwirrt sein, wenn Sie
denken, Sie könnten einfach herkommen und auf derarti-
gen Kinderspielen ein Recht begründen.

DER FREMDE. Das stimmt. Ein Recht – in der Bedeutung,
wie Sie es meinen – habe ich nicht.

WANGEL. Aber was wollen Sie dann? Sie bilden sich doch
nicht ein, daß Sie sie mir mit Macht entreißen können?
Gegen ihren eigenen Willen!

DER FREMDE. Nein. Wozu sollte das auch gut sein? Wenn
Ellida mit mir gehen will, muß sie es freiwillig tun.

ELLIDA *(stutzt und ruft aus)*. Freiwillig ...!

WANGEL. Was für Ideen haben Sie nur?

ELLIDA *(vor sich hin)*. Freiwillig ...!

WANGEL. Sie müssen den Verstand verloren haben. Gehen
Sie! Wir haben mit Ihnen nichts mehr zu schaffen.

DER FREMDE *(schaut auf seine Uhr)*. Es ist bald an der Zeit, daß
ich wieder an Bord gehen muß. *(Kommt einen Schritt näher.)*
Ja, ja, Ellida – jetzt habe ich also meine Schuldigkeit getan. *(Kommt noch näher.)* Ich habe mein Wort dir gegenüber gehalten.

ELLIDA *(flehend, weicht zur Seite)*. Oh, fassen Sie mich nicht
an.

DER FREMDE. Du kannst es dir noch bis morgen nacht überlegen . . .

WANGEL. Hier gibt es nichts zu überlegen. Sehen Sie zu, daß
Sie verschwinden.

DER FREMDE *(immer noch zu Ellida)*. Ich fahre mit dem Dampfer in den Fjord, und morgen nacht komme ich zurück.
Dann schaue ich bei dir wieder herein. Warte dann hier
im Garten auf mich. Denn am liebsten möchte ich die Sache mit dir allein ausmachen, weißt du.

ELLIDA *(leise und bewegt)*. Hörst du das, Wangel!

WANGEL. Sei nur ruhig. Diesen Besuch werden wir schon zu
verhindern wissen.

DER FREMDE. Leb wohl so lange, Ellida. Bis morgen nacht
also.

ELLIDA *(flehend)*. O nein, nein . . . kommen Sie nicht morgen
nacht! Kommen Sie nie wieder!

DER FREMDE. Und wenn du inzwischen deine Meinung än-
derst und mir übers Meer folgen willst . . .

ELLIDA. Sehen Sie mich nicht so an!

DER FREMDE. Ich meine nur, dann sei reisefertig.

WANGEL. Geh ins Haus, Ellida.

ELLIDA. Ich kann nicht. Oh, hilf mir! Befreie mich, Wangel!

DER FREMDE. Denn dir ist wohl klar, daß das die letzte Gelegenheit ist: Wenn du morgen nicht mit mir fährst, ist alles aus.

ELLIDA *(schaut ihn aufgewühlt an)*. Dann ist alles aus? Für immer?

DER FREMDE *(nickt)*. Das kann dann nie wieder rückgängig
gemacht werden, Ellida. Ich werde nie wieder in diese

Gegend kommen. Du wirst mich nie wiedersehen. Nie wirst du wieder etwas von mir hören. Dann bin ich für dich für immer und ewig tot und verschwunden.

ELLIDA *(atmet unruhig)*. Ach ...

DER FREMDE. Überlege dir also genau, was du tust. Lebe wohl. *(Steigt wieder über den Zaun, bleibt auf der anderen Seite stehen und sagt.)* Ja, Ellida – sei also morgen nacht reisefertig. Denn dann komme ich und hole dich. *(Er geht langsam und ruhig den Fußweg nach rechts ab.)*

ELLIDA *(schaut ihm eine Weile nach)*. Freiwillig, hat er gesagt! Stell dir vor, er hat gesagt, ich soll freiwillig mit ihm gehen.

WANGEL. Nur mit der Ruhe. Nun ist er ja fort. Und du wirst ihn nie wiedersehen.

ELLIDA. Ach, wie kannst du das sagen? Er kommt doch morgen nacht wieder.

WANGEL. Laß ihn nur kommen. Dich wird er auf jeden Fall dann nicht antreffen.

ELLIDA *(schüttelt den Kopf)*. Ach, Wangel, glaube doch nur nicht, daß du ihn daran hindern kannst.

WANGEL. Doch, meine Liebe – verlaß dich nur auf mich.

ELLIDA *(grübelnd, ohne ihm zuzuhören)*. Und wenn er dann hier gewesen ist – morgen nacht ... Und wenn er dann mit dem Dampfer übers Meer gefahren ist ...

WANGEL. Ja, was dann?

ELLIDA. Ich möchte nur wissen, ob er dann nie, niemals wiederkommt?

WANGEL. Nein, das wird er nicht, meine liebe Ellida, da kannst du ganz sicher sein. Was sollte er denn noch tun? Jetzt hat er doch aus deinem eigenen Mund gehört, daß du nichts mehr von ihm wissen willst. Damit ist die Sache erledigt.

ELLIDA *(für sich)*. Morgen also. Oder niemals.

WANGEL. Und wenn es ihm doch einfallen sollte, wieder herzukommen ...

ELLIDA *(angespannt)*. Was dann?

WANGEL. Dann steht es schließlich in unserer Macht, ihn unschädlich zu machen.

ELLIDA. Ach, glaub das doch nur nicht.

WANGEL. Das steht in unserer Macht, habe ich gesagt! Wenn du nicht anders Ruhe vor ihm findest, dann wird er für den Mord an dem Kapitän büßen müssen.

ELLIDA *(heftig)*. Nein, nein, nein. Nur das nicht! Wir wissen nichts von dem Mord an dem Kapitän! Überhaupt nichts!

WANGEL. Was, wir sollen nichts wissen? Er hat es dir gegenüber doch selbst gestanden!

ELLIDA. Nein, kein Wort davon. Wenn du etwas sagst, dann leugne ich alles. Er darf nicht eingesperrt werden. Er gehört hinaus aufs offene Meer. Dort draußen gehört er hin.

WANGEL *(schaut sie an und sagt langsam)*. Ach, Ellida – Ellida!

ELLIDA *(klammert sich heftig an ihn)*. Oh, mein Lieber, Bester, rette mich vor diesem Mann!

WANGEL *(macht sich behutsam los)*. Komm! Komm mit mir!
(Lyngstrand und Hilde, beide mit Angelzeug, kommen von rechts am Teichufer entlang.)

LYNGSTRAND *(geht schnell auf Ellida zu)*. Liebe, gnädige Frau, ich muß Ihnen unbedingt etwas ganz Merkwürdiges erzählen!

WANGEL. Und was?

LYNGSTRAND. Stellen Sie sich vor – wir haben den Amerikaner gesehen!

WANGEL. Den Amerikaner?

HILDE. Ja, ich auch.

LYNGSTRAND. Er kam den Weg hinterm Garten hinauf, und dann ist er an Bord des großen englischen Dampfers gegangen.

WANGEL. Woher kennen Sie den Mann?

LYNGSTRAND. Ich bin einmal mit ihm zur See gefahren. Ich war fest davon überzeugt, daß er ertrunken ist. Und dabei ist er noch quicklebendig.

WANGEL. Wissen Sie Näheres über ihn?

LYNGSTRAND. Nein. Aber er ist bestimmt gekommen, um sich an seiner treulosen Seemannsbraut zu rächen.

WANGEL. Was sagen Sie da?

HILDE. Lyngstrand will ihn als Grundlage für ein Kunstwerk verwenden.

WANGEL. Ich begreife kein Wort ...

ELLIDA. Das werden wir dir später erzählen.

(Arnholm und Bolette kommen von links auf dem Fußweg hinter dem Gartenzaun heran.)

BOLETTE *(zu denen im Garten)*. Kommt mal her! Jetzt fährt der englische Dampfer in den Fjord hinein.

(Ein großes Schiff gleitet langsam in weiter Entfernung vorbei.)

LYNGSTRAND *(am Gartenzaun zu Hilde)*. Heute nacht wird er sie sicher heimsuchen.

HILDE *(nickt)*. Die treulose Seemannsbraut, ja.

LYNGSTRAND. Ich denke, so gegen Mitternacht.

HILDE. Ich finde das richtig spannend.

ELLIDA *(schaut dem Schiff nach)*. Morgen also ...

WANGEL. Und dann nie wieder.

ELLIDA *(leise und tief bewegt)*. O Wangel, rette mich vor mir selbst!

WANGEL *(schaut sie ängstlich an)*. Ellida! Ich ahne es, da steckt noch etwas dahinter.

ELLIDA. Das Verlockende steckt dahinter.

WANGEL. Das Verlockende?

ELLIDA. Der Mann ist wie das Meer.

(Sie geht langsam grübelnd nach links ab durch den Garten. Wangel geht unruhig neben ihr und betrachtet sie forschend.)

Vierter Akt

Doktor Wangels Wintergarten. Türen nach links und nach rechts. Im Hintergrund zwischen den beiden Fenstern eine offene Glastür zur Veranda. Unter dieser ist ein Teil des Gartens zu sehen. Vorn links ein Sofa mit einem Tisch. Rechts ein Klavier und weiter hinten ein großes Blumenarrangement. Mitten im Raum ein runder Tisch mit Stühlen. Auf dem Tisch ein blühender Rosenbusch und rundherum andere Topfpflanzen. – Es ist vormittags.

Im Wintergarten sitzt links auf dem Sofa beim Tisch Bolette, mit einer Stickarbeit beschäftigt. Lyngstrand sitzt auf einem Stuhl am oberen Ende des Tisches. Unten im Garten sitzt Ballested und malt. Hilde steht neben ihm und schaut ihm zu.

LYNGSTRAND *(die Arme auf dem Tisch, sitzt eine Weile stumm da und schaut zu, wie Bolette stickt)*. Es ist bestimmt ziemlich schwierig, so eine Borte zu sticken, Fräulein Wangel.

BOLETTE. O nein, so schwierig ist das nicht. Man muß nur aufpassen, daß man richtig zählt.

LYNGSTRAND. Daß man zählt? Sie müssen dabei auch noch zählen?

BOLETTE. Ja, die Stiche, schauen Sie.

LYNGSTRAND. Ja, stimmt. So was! Das ist ja schon beinahe eine Art Kunst. Können Sie auch zeichnen?

BOLETTE. O ja, aber nur nach Vorlagen.

LYNGSTRAND. Und sonst nicht?

BOLETTE. Nein, sonst nicht.

LYNGSTRAND. Na, dann ist es doch keine richtige Kunst.

BOLETTE. Nein, es ist eher wohl so eine Art Kunsthandwerk.

LYNGSTRAND. Aber vielleicht könnten Sie eine Kunst erlernen?

BOLETTE. Auch wenn ich dafür gar keine Veranlagung habe?

LYNGSTRAND. Das macht nichts. Wenn Sie immer mit einem richtigen, echten Künstler zusammen wären ...

BOLETTE. Glauben Sie, ich könnte dann von ihm lernen?

LYNGSTRAND. Nun ja, nicht in der üblichen Form lernen. Aber ich glaube, das würde Sie nach und nach beeinflussen. Wie ein kleines Wunder, Fräulein Wangel.

BOLETTE. Das ist merkwürdig.

LYNGSTRAND *(nach einer Weile)*. Haben Sie schon einmal genauer ...? Ich meine, haben Sie schon mal ernsthaft über eine Ehe nachgedacht, Fräulein Bolette?

BOLETTE *(schaut ihn flüchtig an)*. Über ...? Nein.

LYNGSTRAND. Ich aber.

BOLETTE. Ja, wirklich?

LYNGSTRAND. Ja, ich denke ziemlich oft über derartige Dinge nach. Meistens über die Ehe. Und dann habe ich ja auch die verschiedensten Bücher darüber gelesen. Ich glaube, eine Ehe muß als eine Art Wunderding angesehen werden. Weil die Frau sich mit der Zeit darin verwandelt und ihrem Mann immer ähnlicher wird.

BOLETTE. Seine Interessen übernimmt, meinen Sie?

LYNGSTRAND. Ja, genau das.

BOLETTE. Und seine Fähigkeiten vielleicht auch? Sein Talent und sein Können?

LYNGSTRAND. Hm, ja, ich wüßte allzu gern, ob das alles nicht auch ...

BOLETTE. Dann glauben Sie vielleicht auch, daß alles, was ein Mann sich angelesen – oder sich gedacht hat, daß das auch auf seine Ehefrau übergehen wird?

LYNGSTRAND. Ja, das auch. Nach und nach. Wie durch ein Wunder. Aber ich weiß wohl, daß so etwas nur in einer Ehe geschehen kann, in der die Partner treu, liebevoll und richtig glücklich sind.

BOLETTE. Ist Ihnen eigentlich nie eingefallen, daß ein Mann ebenfalls in dieser Art von seiner Frau beeinflußt werden kann. Daß er ihr ähnlich wird, meine ich?

LYNGSTRAND. Ein Mann? Nein, auf die Idee bin ich noch nie
gekommen.

BOLETTE. Aber warum soll das eine nicht ebenso gut möglich sein wie das andere?

LYNGSTRAND. Nein, das geht nicht, denn ein Mann hat eine
Aufgabe, für die er lebt. Und die macht ihn so stark und
sicher, Fräulein Wangel. Er hat eine Lebensaufgabe.

BOLETTE. Gilt das für alle Männer?

LYNGSTRAND. O nein, ich habe jetzt in erster Linie an den
Künstler gedacht.

BOLETTE. Und finden Sie es dann richtig, wenn ein Künstler
heiratet?

LYNGSTRAND. O ja. Wenn er eine findet, die er wirklich
liebt, dann ...

BOLETTE. Unabhängig davon. Ich denke, er sollte lieber einzig und allein für seine Kunst leben.

LYNGSTRAND. Ja, natürlich. Aber das kann er doch auch tun,
wenn er verheiratet ist.

BOLETTE. Ja, und die Frau?

LYNGSTRAND. Die Frau? Was ist mit der?

BOLETTE. Die er geheiratet hat. Wofür soll sie leben?

LYNGSTRAND. Sie soll auch für seine Kunst leben. Ich denke,
eine Frau müßte sich in dieser Aufgabe ungemein glücklich fühlen.

BOLETTE. Hm ... ich weiß nicht so recht ...

LYNGSTRAND. Doch, doch, mein Fräulein, glauben Sie mir.
Nicht nur aufgrund der Ehre und des Ansehens, das sie
seinetwegen genießt. Das ist meiner Meinung nach eigentlich das wenigste. Aber daß sie ihm helfen kann, etwas zu schaffen – daß sie ihm die Arbeit erleichtern kann,
indem sie um ihn ist, es ihm gemütlich macht, ihn gut
versorgt und ihm das Leben so richtig angenehm macht.
Ich denke, das muß für eine Frau doch einfach herrlich
sein.

BOLETTE. Mein Gott, Sie merken gar nicht, wie egoistisch
Sie sind!

LYNGSTRAND. Ich und egoistisch? Da hört sich doch alles auf! Ach, wenn Sie mich ein wenig besser kennen würden ... *(Beugt sich näher zu ihr.)* Fräulein Wangel, wenn ich nicht mehr hier bin, und das ist ja bald ...

BOLETTE *(schaut ihn mitleidig an)*. Nun fangen Sie nicht mit so etwas Traurigem an.

LYNGSTRAND. Nun ja, im Grunde genommen ist es ja eigentlich gar nicht so traurig.

BOLETTE. Wie meinen Sie das?

LYNGSTRAND. Ich reise ja in einem Monat ab. Zuerst von hier fort. Und dann weiter nach Süden.

BOLETTE. Ach so. Ja, ja.

LYNGSTRAND. Wollen Sie dann ab und zu mal an mich denken?

BOLETTE. Ja, das tue ich gern.

LYNGSTRAND *(froh)*. Wirklich? Versprechen Sie mir das?

BOLETTE. Ja, das verspreche ich Ihnen.

LYNGSTRAND. Hoch und heilig, Fräulein Bolette?

BOLETTE. Hoch und heilig. *(Wechselt die Stimmung.)* Ach, wozu soll das Ganze eigentlich gut sein? Das führt doch zu nichts.

LYNGSTRAND. Wie können Sie so etwas sagen! Für mich wäre es wunderbar, wenn ich weiß, daß Sie hier zu Hause an mich denken.

BOLETTE. So, und was dann weiter?

LYNGSTRAND. Nun ja, was weiter, das weiß ich noch nicht so genau ...

BOLETTE. Ich auch nicht. Da steht so viel im Weg. Eigentlich steht fast alles im Weg, habe ich das Gefühl.

LYNGSTRAND. Ach, es kann doch einfach ein Wunder geschehen. Eine glückliche Fügung des Schicksals – oder ähnliches. Denn ich bin fest überzeugt davon, daß ich das Glück auf meiner Seite habe.

BOLETTE *(lebhaft)*. O ja, das stimmt! Das glauben Sie doch?

LYNGSTRAND. Ja, daran glaube ich ganz, ganz fest. Und dann – in einigen Jahren –, wenn ich wieder heimkomme als

bekannter Bildhauer, in gesicherten Verhältnissen und
strotzend vor Gesundheit . . .

BOLETTE. Ja, gewiß. Hoffen wir, daß das so kommen wird.

LYNGSTRAND. Davon können Sie ausgehen. Wenn nur Sie
ganz fest und herzlich an mich denken, während ich im
Süden bin. Und darauf habe ich ja Ihr Wort.

BOLETTE. Das haben Sie. *(Schüttelt den Kopf.)* Aber das bringt
trotz allem gar nichts.

LYNGSTRAND. Doch, Fräulein Bolette, zumindest führt es
dazu, daß ich um so leichter und schneller an meinem
Kunstwerk arbeiten kann.

BOLETTE. Glauben Sie?

LYNGSTRAND. Das glaube ich nicht nur, das fühle ich in mir.
Und ich denke, das muß doch auch für Sie erhebend sein
– bei Ihrem Leben hier in aller Stille – wenn Sie wissen,
daß Sie mir sozusagen bei meinem Schöpfungswerk ge-
holfen haben.

BOLETTE *(schaut ihn an)*. Nun gut, aber Sie, was ist mit Ihnen?

LYNGSTRAND. Mit mir . . .?

BOLETTE *(schaut in den Garten)*. Pst! Lassen Sie uns von etwas
anderem sprechen. Da kommt der Studienrat.

*(Studienrat Arnholm erscheint unten links im Garten. Er bleibt
bei Ballested und Hilde stehen und unterhält sich mit ihnen.)*

LYNGSTRAND. Mögen Sie Ihren alten Lehrer eigentlich gern,
Fräulein Bolette?

BOLETTE. Ob ich ihn mag?

LYNGSTRAND. Nun ja, ich meine, ob Sie ihn nett finden?

BOLETTE. O ja, das tue ich. Er ist ein wirklich guter Freund
und Ratgeber. Und immer hilfsbereit, wenn er nur irgend
kann.

LYNGSTRAND. Aber ist es nicht sonderbar, daß er nicht verheiratet ist?

BOLETTE. Finden Sie das sonderbar?

LYNGSTRAND. Ja. Denn er ist doch ein vermögender Mann,
wie es heißt.

BOLETTE. Das mag schon sein. Aber ich kann mir denken, daß es nicht so einfach für ihn war, eine zu finden, die ihn haben wollte.

LYNGSTRAND. Wieso das?

BOLETTE. Ach, von fast allen jungen Mädchen, die er kennt, war er doch der Lehrer. Das sagt er selbst.

LYNGSTRAND. Nun ja, und was sollte das ausmachen?

BOLETTE. Mein Gott, man heiratet doch keinen Mann, der einmal der eigene Lehrer gewesen ist!

LYNGSTRAND. Glauben Sie nicht, daß sich ein junges Mädchen in seinen Lehrer verlieben kann?

BOLETTE. Nicht, nachdem sie wirklich erwachsen geworden ist.

LYNGSTRAND. Nein, das mag schon sein.

BOLETTE *(warnend).* Achtung!

(Ballested hat inzwischen seine Sachen zusammengepackt und trägt sie nach rechts in den Garten. Hilde hilft ihm. Arnholm betritt die Veranda und kommt in den Wintergarten.)

ARNHOLM. Guten Morgen, meine liebe Bolette. Guten Morgen, Herr ... Herr ... hm! *(Er sieht unzufrieden aus und nickt Lyngstrand mit kaltem Blick zu, dieser steht auf und verbeugt sich.)*

BOLETTE *(steht auch auf und geht auf Arnholm zu).* Guten Morgen, Herr Studienrat.

ARNHOLM. Nun, wie steht es heute morgen hier im Haus?

BOLETTE. Danke, gut.

ARNHOLM. Ist Ihre Stiefmutter heute früh auch wieder schwimmen gegangen?

BOLETTE. Nein, sie ist in ihrem Zimmer.

ARNHOLM. Geht es ihr nicht gut?

BOLETTE. Ich weiß nicht. Sie hat sich eingeschlossen.

ARNHOLM. So ... tatsächlich?

LYNGSTRAND. Frau Wangel hat sich gestern so über den Amerikaner erregt.

ARNHOLM. Was wissen denn Sie davon?

LYNGSTRAND. Ich habe der gnädigen Frau erzählt, daß ich ihn leibhaftig hinterm Garten gesehen habe.

ARNHOLM. Ach so.

BOLETTE *(zu Arnholm)*. Vater und Sie waren wohl letzte Nacht noch ziemlich lange auf.

ARNHOLM. Ja, reichlich lange. Wir haben über ernsthafte Dinge gesprochen.

BOLETTE. Haben Sie auch über mich und meine Angelegenheiten sprechen können?

ARNHOLM. Nein, meine liebe Bolette. Dazu bin ich nicht gekommen. Er war zu sehr mit anderem beschäftigt.

BOLETTE *(seufzt)*. Ach ja, das ist er immer.

ARNHOLM *(schaut sie bedeutungsvoll an)*. Aber wir wollen heute ausführlicher darüber reden. – Wo ist Ihr Vater denn eigentlich? Ist er nicht im Haus?

BOLETTE. Doch. Er ist sicher unten in der Praxis. Ich kann ihn holen.

ARNHOLM. Nein, vielen Dank. Lassen Sie nur. Ich gehe lieber selbst zu ihm.

BOLETTE *(lauscht nach links)*. Warten Sie, Herr Studienrat. Ich glaube, ich höre Vater auf der Treppe. Ja. Dann war er also oben und hat nach ihr gesehen.

(Doktor Wangel tritt durch die linke Tür ein.)

WANGEL *(reicht Arnholm die Hand)*. Nun, mein lieber Freund, Sie sind schon da? Das ist aber nett, daß Sie schon so früh kommen. Denn ich möchte gern noch etwas mit Ihnen besprechen.

BOLETTE *(zu Lyngstrand)*. Wollen wir nicht ein wenig zu Hilde in den Garten gehen?

LYNGSTRAND. Ja, von Herzen gern, Fräulein Bolette.

(Er und Bolette gehen in den Garten und dann zwischen den Bäumen im Hintergrund ab.)

ARNHOLM *(der ihnen mit den Augen gefolgt ist, wendet sich Wangel zu)*. Kennen Sie den jungen Mann näher?

WANGEL. Nein, eigentlich nicht.

ARNHOLM. Und ist es Ihnen dann recht, wenn er so viel um die Mädchen herumstreicht?

WANGEL. Tut er das? Das ist mir noch gar nicht aufgefallen.

ARNHOLM. Sie sollten ein Auge darauf haben, finde ich.

WANGEL. Da haben Sie sicher recht. Aber, mein Gott, was soll ich armer Mann denn tun? Die Mädchen sind jetzt so daran gewöhnt, sich selbst zu versorgen. Die lassen sich nichts mehr sagen, weder von mir noch von Ellida.

ARNHOLM. Von ihr auch nicht?

WANGEL. Nein. Und außerdem kann ich von ihr ja nicht verlangen, daß sie sich da einmischt. Das liegt ihr einfach nicht. *(Unterbricht sich selbst.)* Aber darüber wollten wir uns eigentlich nicht unterhalten. Sagen Sie mir ... haben Sie über die Sache nachgedacht? Über alles, was ich Ihnen erzählt habe?

ARNHOLM. Ich habe an nichts anderes gedacht, seit wir heute nacht auseinander gegangen sind.

WANGEL. Und was ist Ihrer Meinung nach zu tun?

ARNHOLM. Mein lieber Doktor, ich denke, Sie als Arzt sollten das besser wissen als ich.

WANGEL. Ach, wenn Sie wüßten, wie schwierig es für mich als Arzt ist, über eine Patientin zu urteilen, die ich von Herzen liebe! Und außerdem handelt es sich ja nicht um eine gewöhnliche Krankheit. Hier hilft kein gewöhnlicher Arzt – und keines der üblichen Medikamente.

ARNHOLM. Wie geht es ihr denn heute?

WANGEL. Ich war gerade bei ihr, und da erschien sie mir recht ruhig. Aber hinter all ihren Stimmungen liegt etwas versteckt, was ich einfach nicht fassen kann. Und dann ist sie auch so launisch – so unberechenbar – ihre Stimmung wechselt so abrupt.

ARNHOLM. Das kommt sicher durch ihren kranken Gemütszustand.

WANGEL. Nicht nur. Im Grunde genommen ist es ihr angeboren. Ellida gehört zu den Küstenbewohnern. Das ist es.

ARNHOLM. Wie meinen Sie das, Herr Doktor?

WANGEL. Ist Ihnen nie aufgefallen, daß die Menschen draußen am offenen Meer nahezu ein eigenes Volk sind? Es scheint fast, als lebten sie ihr Leben im Rhythmus des Meeres. Da gibt es den Seegang – und Ebbe und Flut – sowohl in ihrem Denken als auch in ihren Gefühlen. Und dann lassen sie sich nie verpflanzen. Ach, das hätte ich früher bedenken sollen. Es war eine wahre Sünde an Ellida, sie von dort fortzunehmen und zu mir zu holen!

ARNHOLM. Sind Sie zu dieser Ansicht gelangt?

WANGEL. Ja, mehr und mehr. Eigentlich hätte ich es mir schon vorher sagen können. Im Grunde genommen wußte ich es von Anfang an. Aber ich wollte es nicht wahrhaben. Denn ich habe sie so sehr geliebt, wissen Sie! Und deshalb habe ich zuerst an mich selbst gedacht. Wie unverantwortlich egoistisch war ich doch damals.

ARNHOLM. Hm ... unter solchen Umständen ist wohl jeder Mann ein wenig egoistisch. Und ansonsten habe ich nie etwas von diesem Makel bei Ihnen festgestellt, Doktor Wangel.

WANGEL *(wandert unruhig auf und ab)*. O doch! Und ich war es auch später noch. Schließlich bin ich ja sehr, sehr viel älter als sie. Ich hätte ihr Vater sein können – und ein Berater dazu. Ich hätte mein Bestes geben sollen, um ihr Denken zu entwickeln. Aber daraus ist leider nie etwas geworden. Wissen Sie, ich hatte nie wirklich den Mut dazu! Ich wollte sie doch am liebsten so haben, wie sie war. Aber dann wurde es immer schlimmer mit ihr. Und ich lief herum und wußte nicht, was ich machen sollte. *(Leise.)* Deshalb habe ich in meinem Schmerz an Sie geschrieben und Sie gebeten, herzukommen.

ARNHOLM *(schaut ihn überrascht an)*. Was! Deshalb haben Sie mir geschrieben?

WANGEL. Ja. Aber behalten Sie es für sich.

ARNHOLM. Aber um alles in der Welt, lieber Doktor – was haben Sie sich denn von meinem Kommen versprochen? Das verstehe ich nicht.

WANGEL. Nun, dabei ist es eigentlich ganz leicht zu verstehen. Ich bin nämlich in die Irre geführt worden. Ich hatte gedacht, daß Ellida ihr Herz einst an Sie gehängt hatte; daß sie immer noch ein wenig an Ihnen hängt und es ihr deshalb gut tun würde, Sie wiederzusehen und mit Ihnen über ihr altes Zuhause und die alten Zeiten zu sprechen.

ARNHOLM. Dann meinten Sie also Ihre Frau, als Sie mir schrieben, daß hier jemand auf mich wartete und – und sich vielleicht nach mir sehnte!

WANGEL. Ja, wen sonst?

ARNHOLM *(schnell)*. Nein, nein, Sie haben ganz recht. – Aber ich habe es nicht verstanden.

WANGEL. Ganz einfach zu verstehen, wie gesagt. Ich war eben nur auf der falschen Fährte.

ARNHOLM. Und Sie behaupten von sich, Sie seien egoistisch?

WANGEL. Schließlich hatte ich eine so große Verfehlung wiedergutzumachen. Ich dachte, ich dürfte kein Mittel scheuen, wenn es möglich ist, ihren Sinn dadurch auch nur ein wenig aufzuhellen.

ARNHOLM. Wie erklären Sie sich eigentlich die enorme Macht, die dieser fremde Mann auf sie ausübt?

WANGEL. Nun, mein lieber Freund, an dieser Sache gibt es Seiten, die sich einfach nicht erklären lassen.

ARNHOLM. Etwas, das an sich unerklärlich ist, meinen Sie? Absolut unerklärlich?

WANGEL. Jedenfalls bis auf weiteres unerklärlich.

ARNHOLM. Glauben Sie denn an so etwas?

WANGEL. Ich glaube weder noch leugne ich es. Ich weiß es einfach nicht. Deshalb lasse ich es als möglich gelten.

ARNHOLM. Aber nun sagen Sie mir nur eins: Ellidas merkwürdige, unheimliche Behauptung über die Augen des Kindes ...?

WANGEL *(eifrig)*. Von dem mit den Augen glaube ich kein Wort! Ich will einfach nicht daran glauben. Das ist reine Einbildung von ihr. Nichts anderes.

ARNHOLM. Sind Ihnen die Augen des Mannes irgendwie aufgefallen, als Sie ihn gestern sahen?

WANGEL. Ja, natürlich.

ARNHOLM. Und Sie fanden keinerlei Ähnlichkeit?

WANGEL *(ausweichend)*. Hm ... mein Gott, was soll ich darauf sagen? Es war ja nicht mehr sehr hell, als ich ihn sah. Und außerdem hatte Ellida über diese Ähnlichkeit schon vorher so viel geredet ... Ich weiß einfach nicht, ob ich imstande war, ihn ganz unbefangen anzusehen.

ARNHOLM. Das stimmt, das ist zu bedenken. Aber alles andere? Daß diese Angst und diese Unruhe gerade in der Zeit über sie gekommen sind, als dieser fremde Mensch anscheinend auf der Fahrt hierher war?

WANGEL. Ja, sehen Sie – das ist auch etwas, was sie sich seit vorgestern eingebildet und eingeredet hat. Schließlich kam es gar nicht so plötzlich – so mit einem Mal – über sie, wie sie jetzt behauptet. Aber nachdem sie von dem jungen Lyngstrand gehört hatte, daß Johnston – oder Friman, oder wie er nun auch heißen mag –, daß der vor drei Jahren im Monat März auf der Fahrt hierher gewesen ist, da hatte sie offenbar das Gefühl, daß diese Unruhe sie genau in dem Monat ergriffen habe.

ARNHOLM. Stimmt das denn nicht?

WANGEL. Nicht so ganz. Es gab schon lange Zeit vorher Anzeichen dafür. Obwohl es – zufälligerweise – genau im Monat März vor drei Jahren zu einem ziemlich heftigen Ausbruch kam.

ARNHOLM. Also doch!

WANGEL. Ja, aber das läßt sich ganz einfach aus dem Zustand – aus den Umständen erklären, in denen sie sich zu genau der Zeit befand.

ARNHOLM. Also Zeichen gegen Zeichen.

WANGEL *(ringt die Hände)*. Und ich konnte ihr nicht helfen! Ich wußte mir einfach keinen Rat! Hatte keine Idee, welches Mittel ihr helfen könnte!

ARNHOLM. Und wenn Sie sich dazu entschließen könnten, von hier fortzuziehen? Woanders hin? Damit sie unter Verhältnissen leben kann, die ihr vertrauter sind?

WANGEL. Ach, mein Lieber, glauben Sie doch nicht, daß ich ihr das nicht angeboten hätte! Ich habe vorgeschlagen, nach Skjoldvik zu ziehen. Aber sie will nicht.

ARNHOLM. Das auch nicht?

WANGEL. Nein. Denn sie glaubt nicht, daß es etwas nutzen würde. Und damit mag sie sogar recht haben.

ARNHOLM. Hm ... meinen Sie?

WANGEL. Ja, und außerdem ..., wenn ich es recht bedenke ..., dann weiß ich gar nicht, wie ich das bewerkstelligen soll. Denn ich kann es den Mädchen gegenüber wohl kaum verantworten, in ein so abgelegenes Nest zu ziehen. Die müssen ja irgendwo bleiben, wo es zumindest eine gewisse Hoffnung gibt, sie unter die Haube zu bringen.

ARNHOLM. Unter die Haube? Machen Sie sich deshalb bereits jetzt Sorgen?

WANGEL. Ja, mein Gott, ich muß doch auch daran denken! Aber andererseits muß ich Rücksicht auf meine arme, kranke Ellida nehmen! Ach, mein lieber Arnholm, ich stehe in mehrerer Hinsicht wirklich zwischen allen Stühlen!

ARNHOLM. Nun, um Bolette müssen Sie sich keine so großen Sorgen machen ... *(Bricht ab.)* Ich möchte nur wissen – wo sie hingegangen ist? *(Er geht zur offenen Tür und schaut hinaus.)*

WANGEL *(am Klavier)*. Ach, ich würde allen dreien so gern jedes nur mögliche Opfer bringen. – Wenn ich nur wüßte, wie.

(Ellida kommt durch die linke Tür herein.)

ELLIDA *(hastig zu Wangel)*. Bitte, gehe heute vormittag nicht fort.

WANGEL. Nein, bestimmt nicht. Ich bleibe bei dir zu Hause. *(Zeigt auf Arnholm, der näher kommt.)* Aber willst du nicht unseren Freund begrüßen?

ELLIDA *(dreht sich um)*. Ach, sind Sie es, Herr Arnholm! *(Gibt ihm die Hand.)* Guten Morgen.

ARNHOLM. Guten Morgen, gnädige Frau. Nun, Sie wollen heute also nicht schwimmen gehen wie sonst?

ELLIDA. Nein, nein nein! Davon kann heute keine Rede sein. Möchten Sie sich nicht einen Augenblick setzen?

ARNHOLM. Nein, vielen Dank, jetzt nicht. *(Schaut zu Wangel.)* Ich habe den Mädchen versprochen, auch in den Garten zu kommen.

ELLIDA. Na, wer weiß, ob Sie sie im Garten finden. Ich weiß jedenfalls nie, wo sie sich herumtreiben.

WANGEL. Oh, sie sind bestimmt unten am Teich.

ARNHOLM. Ich werde sie schon finden. *(Er nickt und geht über die Veranda in den Garten, dort nach rechts ab.)*

ELLIDA. Wie spät ist es, Wangel?

WANGEL *(schaut auf seine Uhr)*. Kurz nach elf.

ELLIDA. Kurz nach. Und um elf, halb zwölf heute nacht kommt das Schiff zurück. Ach, wenn ich es doch nur schon hinter mir hätte!

WANGEL *(geht näher zu ihr hin)*. Liebe Ellida, es gibt eine Sache, die ich dich gerne fragen würde.

ELLIDA. Und was ist das?

WANGEL. Vorgestern abend – oben bei der »Schönen Aussicht« – da hast du gesagt, daß du ihn in den letzten drei Jahren so oft leibhaftig vor dir gesehen hast.

ELLIDA. Ja, das stimmt auch. Das mußt du mir glauben.

WANGEL. Gut, aber wie hast du ihn dann gesehen?

ELLIDA. Wie ich ihn gesehen habe?

WANGEL. Ich meine . . . wie sah er aus, wenn du dachtest, du siehst ihn?

ELLIDA. Aber lieber Wangel, du weißt doch jetzt selbst, wie er aussieht.

WANGEL. Sah er so auch in deiner Vorstellung aus?

ELLIDA. Ja.

WANGEL. Genau wie gestern abend, als du ihn wirklich und wahrhaftig gesehen hast?

ELLIDA. Ja, genau so.

WANGEL. Aber wie kommt es dann, daß du ihn nicht sofort wiedererkannt hast?

ELLIDA *(stutzt)*. Habe ich ihn nicht . . .?

WANGEL. Nein. Du hast selbst gesagt, daß du zunächst gar nicht gewußt hast, wer der fremde Mann war.

ELLIDA *(gibt zu)*. Ja, da magst du wirklich recht haben. Ist das nicht merkwürdig, Wangel? Daß ich ihn nicht sofort wiedererkannt habe?

WANGEL. Nur an den Augen, hast du gesagt . . .

ELLIDA. O ja, die Augen! Diese Augen!

WANGEL. Nun, aber oben bei der »Schönen Aussicht« hast du gesagt, daß er dir immer so erschienen ist wie damals, als ihr euch getrennt habt. Damals vor zehn Jahren.

ELLIDA. Habe ich das gesagt?

WANGEL. Ja.

ELLIDA. Dann hat er damals wohl ungefähr wie heute ausgesehen.

WANGEL. Nein. Vorgestern auf dem Heimweg hast du ihn ganz anders beschrieben. Vor zehn Jahren hatte er noch keinen Bart, hast du gesagt. Und er war auch ganz anders gekleidet. Und dann die Brustnadel mit der Perle . . . So eine hatte der Mann gestern jedenfalls nicht.

ELLIDA. Nein, die hatte er nicht.

WANGEL *(schaut sie forschend an)*. Überleg ein bißchen, meine liebe Ellida. Oder kannst du dich vielleicht gar nicht mehr so genau daran erinnern, wie er ausgesehen hat, als er dich damals auf Bratthammer getroffen hat?

ELLIDA *(nachdenklich, schließt für eine Weile die Augen)*. Nicht mehr so deutlich. Nein, heute kann ich es überhaupt nicht mehr vor mir sehen. Ist das nicht merkwürdig?

WANGEL. Gar nicht so merkwürdig. Schließlich ist jetzt ein neues Bild aufgetaucht. Und das überdeckt das alte – so daß du es nicht mehr siehst.

ELLIDA. Meinst du, Wangel?

WANGEL. Ja. Und das überdeckt auch deine krankhaften Phantasien. Deshalb ist es nur gut, daß die Wirklichkeit aufgetaucht ist.

ELLIDA. Gut? Hast du gesagt, das sei gut?

WANGEL. Ja, daß es so gekommen ist – das kann wie eine Medizin für dich sein.

ELLIDA *(setzt sich aufs Sofa)*. Komm her, Wangel, setz dich zu mir. Ich muß dir alle meine Gedanken anvertrauen.

WANGEL. Ja, tu das, Ellida. *(Er setzt sich auf einen Stuhl auf der anderen Seite des Tisches.)*

ELLIDA. Es war eigentlich ein großes Unglück – für uns beide – daß gerade wir zwei zusammen kommen sollten.

WANGEL *(stutzt)*. Was sagst du?

ELLIDA. Doch, doch. Das stimmt. Und das ist ja ganz einsichtig. Das muß ja ins Unglück führen. Schon allein wegen der Art und Weise, wie wir uns kennengelernt haben.

WANGEL. Was sollte denn daran nicht in Ordnung gewesen sein?

ELLIDA. Hör zu, Wangel, es nützt nichts, wenn wir uns weiterhin selbst etwas vormachen – und uns gegenseitig belügen.

WANGEL. Tun wir das? Belügen wir uns?

ELLIDA. Ja, das tun wir. Zumindest verschweigen wir die Wahrheit. Denn die Wahrheit, die reine, ehrliche Wahrheit ist, daß du zu uns gekommen bist und – mich gekauft hast.

WANGEL. Gekauft! Was sagst du da – gekauft!

ELLIDA. Ich war ja um kein Haar besser als du. Ich habe dir den Zuschlag gegeben. Habe mich an dich verkauft.

WANGEL *(schaut sie mit schmerzlichem Blick an)*. Ellida – hast du wirklich das Herz, es so zu nennen?

ELLIDA. Ja, gibt es denn eine andere Bezeichnung dafür? Du konntest die Leere in deinem Haus nicht länger ertragen. Und hast dich nach einer neuen Ehefrau umgesehen ...

WANGEL. Und nach einer neuen Mutter für die Kinder, Ellida.

ELLIDA. Vielleicht auch das, so nebenbei. Obwohl – du doch gar nicht wissen konntest, ob ich für diese Rolle tauge. Du hattest mich nur ein paar Mal gesehen und dich mit

mir unterhalten. Und dann hast du Lust auf mich ge-
kriegt, und dann . . .

WANGEL. Ach, nenne es doch, wie du willst.

ELLIDA. Und ich, meinerseits . . . Ich war ja vollkommen
hilf- und ratlos und ganz allein. Da kam es mir ganz
gelegen, und ich habe dir den Zuschlag gegeben – als
du mir angeboten hast, mich zeit meines Lebens zu versorgen.

WANGEL. Das habe ich sicher nicht als Versorgungsinstitu-
tion gemeint, Ellida. Ich habe dich ganz ehrlich gefragt,
ob du mit mir und meinen Kindern das wenige teilen
willst, das ich mein Eigen nennen kann.

ELLIDA. Ja, das hast du. Aber ich hätte dennoch nicht zu-
stimmen dürfen! Um keinen Preis! Ich hätte mich nicht
selbst verkaufen dürfen. Hätte lieber die dreckigste Arbeit oder die ärmsten Verhältnisse wählen sollen – und
zwar freiwillig und in eigener Wahl!

WANGEL *(steht auf)*. Sind also die fünf, sechs Jahre, die wir
zusammen gelebt haben, ohne jeden Wert für dich gewesen?

ELLIDA. Aber denk doch nicht so etwas, Wangel! Ich habe es
bei dir hier so gut gehabt, wie es sich ein Mensch nur
wünschen kann. Aber ich bin nicht freiwillig in dein
Haus gekommen. Darum geht es.

WANGEL *(schaut sie an)*. Nicht – freiwillig?

ELLIDA. Nein. Ich bin nicht freiwillig mit dir gegangen.

WANGEL *(unterdrückt)*. Oh, ich erinnere mich an diese Wendung gestern.

ELLIDA. In dieser Wendung ist alles enthalten. Sie hat mir
die Augen geöffnet. Und deshalb sehe ich jetzt alles ganz
deutlich.

WANGEL. Was siehst du?

ELLIDA. Ich sehe, daß wir so, wie wir jetzt miteinander leben, im Grunde genommen gar keine richtige Ehe führen.

WANGEL *(verbittert)*. Da hast du ein wahres Wort gesprochen.
So, wie wir jetzt leben, nein, das ist keine Ehe.

ELLIDA. Und vorher auch nicht. Nie. Vom ersten Augenblick an nicht. *(Schaut vor sich hin, den Kopf gesenkt.)* Während die erste eine richtige, ehrliche Ehe hätte werden
können.

WANGEL. Die erste? Was meinst du damit?

ELLIDA. Meine erste – mit ihm.

WANGEL *(schaut sie verwundert an)*. Ich verstehe immer noch
nicht.

ELLIDA. Ach, lieber Wangel – wir wollen einander nicht
weiter belügen. Und uns selbst auch nicht.

WANGEL. Nun gut. Aber was nun weiter?

ELLIDA. Siehst du, wir können doch eine Tatsache einfach
nicht verleugnen: daß ein freiwilliges Versprechen ebenso
bindend ist wie eine Trauung.

WANGEL. Was um alles in der Welt ...

ELLIDA *(steht erregt auf)*. Gib mir die Erlaubnis, von dir zu
gehen, Wangel!

WANGEL. Ellida! Ellida!

ELLIDA. Doch, doch, gib mir nur die Erlaubnis. Du kannst
mir glauben, alles andere, da wird doch nichts draus.
Nicht, nachdem wir auf diese Art und Weise zusammen-
gekommen sind.

WANGEL *(mit beherrschtem Schmerz)*. So weit muß es also zwischen uns kommen.

ELLIDA. Ja, so mußte es kommen. Es ging gar nicht anders.

WANGEL *(schaut sie besorgt an)*. Also habe ich dich auch durch
unser Zusammenleben nicht für mich gewonnen. Nie,
niemals habe ich dich ganz besessen.

ELLIDA. Ach, Wangel, wenn ich dich nur lieben könnte, wie
ich es mir wünsche! Du hast es so sehr verdient. Aber ich
fühle genau, daß das nie möglich sein wird.

WANGEL. Also Scheidung! Du willst die Scheidung, eine of-
fizielle Scheidung?

ELLIDA. Mein Liebster, du verstehst gar nichts. Die Formen
sind mir vollkommen gleichgültig. Ich finde, es kommt
nicht auf solche äußeren Dinge an. Ich will, daß wir uns

beide darüber einig werden, uns in aller Freiheit voneinander zu trennen.

WANGEL *(verbittert, nickt langsam)*. Machen wir den Handel rückgängig, ja.

ELLIDA *(lebhaft)*. Ja, genau! Machen wir den Handel rückgängig.

WANGEL. Und danach, Ellida? Hast du dir einmal überlegt, wie es dann für uns beide aussehen wird? Wie sich das Leben für dich und für mich gestalten wird?

ELLIDA. Darauf kommt es nicht an. Danach mag kommen, was will. Worum ich dich bitte und anflehe, Wangel, das allein ist wichtig! Gib mich nur frei! Gib mir meine volle Freiheit zurück!

WANGEL. Ellida, du stellst eine schreckliche Forderung an mich. Gib mir zumindest Zeit, einen Beschluß zu fassen. Laß uns in Ruhe darüber sprechen. Und gönn dir selbst auch Zeit, zu überdenken, was du tust!

ELLIDA. Aber jetzt ist mit solchen Ausreden keine Zeit mehr zu verlieren! Ich muß meine Freiheit heute noch zurückhaben!

WANGEL. Und warum gerade heute?

ELLIDA. Weil, weil er doch heute nacht zurückkommt.

WANGEL *(zuckt zusammen)*. Zurückkommt! Er! Was hat denn der fremde Mann damit zu tun?

ELLIDA. Ich will ihm ganz unabhängig gegenübertreten.

WANGEL. Und was, was gedenkst du weiter zu tun?

ELLIDA. Ich will mich nicht dahinter verkriechen, daß ich die Ehefrau eines anderen bin. Ich will mich nicht damit herausreden, daß ich keine Wahl habe. Denn sonst wäre das ja keine Entscheidung.

WANGEL. Du redest von Wahl, Ellida! Von einer Wahl in dieser Sache!

ELLIDA. Ja, die Wahl muß ich haben. Für beide Seiten. Ich muß ihn allein reisen lassen können – oder auch ihm folgen können.

WANGEL. Begreifst du eigentlich selbst, was du da sagst? Ihm folgen! Dein Schicksal in seine Hände geben!

ELLIDA. Aber habe ich nicht mein ganzes Schicksal damals in deine Hände gegeben? Und das so ohne weiteres.

WANGEL. Das war etwas anderes. Aber er! Dieser Mann! Ein Wildfremder! Ein Mensch, den du kaum kennst!

ELLIDA. Aber dich habe ich damals vielleicht noch weniger gekannt. Und ich bin dennoch mit dir gegangen.

WANGEL. Damals wußtest du jedenfalls so ungefähr, was für ein Leben dich erwarten würde. Aber jetzt? Jetzt? Überleg doch nur! Was weißt du denn! Nicht das geringste. Nicht einmal, wer er ist – oder was er ist.

ELLIDA *(schaut vor sich hin)*. Das stimmt. Aber genau das ist ja gerade so grauenvoll.

WANGEL. Ja, allerdings ist das grauenvoll . . .

ELLIDA. Und deshalb habe ich auch irgendwie das Gefühl, daß ich mich dem stellen muß.

WANGEL *(schaut sie an)*. Weil es dir als so grauenvoll erscheint?

ELLIDA. Ja. Genau deshalb.

WANGEL *(kommt näher)*. Nun hör einmal, Ellida, was weißt du eigentlich über das Grauenvolle?

ELLIDA *(überlegt)*. Das Grauenvolle, das ist das, was erschreckt – und anzieht.

WANGEL. Was, es zieht auch an?

ELLIDA. Vor allem zieht es an – finde ich.

WANGEL *(langsam)*. Du bist mit dem Meer verwandt.

ELLIDA. Das ist das Grauenvolle auch.

WANGEL. Und das Grauenvolle ist in dir. Du erschreckst mich und ziehst mich gleichzeitig an.

ELLIDA. Ist das deine Überzeugung, Wangel?

WANGEL. Ich habe dich wohl nie richtig gekannt. Jedenfalls nie bis auf den Grund. Das wird mir jetzt langsam klar.

ELLIDA. Und deshalb sollst du mich ja auch freigeben! Löse jede Verbindung zwischen dir und den Deinen und mir!

Ich bin nicht die, für die du mich gehalten hast. Jetzt
siehst du es endlich selbst ein. Und jetzt wollen wir uns
in vollem Einverständnis – und ganz freiwillig voneinander trennen.

WANGEL *(betrübt)*. Das wäre vielleicht für uns beide das beste
– wenn wir uns trennten. Aber ich kann es einfach nicht!
Du bist für mich wie das Grauenvolle, Ellida, das Anzie-
hende – es ist stärker als alles andere.

ELLIDA. Meinst du?

WANGEL. Laß uns diesen Tag mit Vernunft überstehen. Mit
ruhigem Gemüt. Ich *kann* dich einfach nicht an solch einem Tag freigeben. Das darf ich nicht. Ich darf es schon
deinetwegen nicht, Ellida. Ich beharre auf meinem Recht
und meiner Pflicht, dich zu beschützen.

ELLIDA. Mich beschützen? Wovor soll ich denn beschützt
werden? Es gibt doch weder Gewalt noch böse Mächte,
die mich bedrohen. Das Grauenvolle liegt viel tiefer,
Wangel! Das Grauenvolle, das ist der Sog in meinem eigenen Gemüt! Und was soll ich dagegen tun?

WANGEL. Ich kann dich bei deinem Kampf unterstützen und
dich stärken.

ELLIDA. Ja – wenn ich dagegen ankämpfen will.

WANGEL. Willst du das denn nicht?

ELLIDA. Ach, das weiß ich ja selbst nicht.

WANGEL. Heute nacht entscheidet sich alles, liebe Ellida . . .

ELLIDA *(bricht aus)*. Ja, stell dir vor! Die Entscheidung ist so
nahe. Die Entscheidung für das ganze Leben!

WANGEL. Und morgen . . .

ELLIDA. Ja, morgen. Vielleicht ist morgen bereits meine
ganze Zukunft verspielt.

WANGEL. Deine ganze . . .

ELLIDA. Ein ganzes, erlebnisreiches Leben in Freiheit verspielt – für mich verloren! Und vielleicht – auch für ihn.

WANGEL *(leiser, ergreift ihr Handgelenk)*. Ellida – liebst du diesen fremden Mann?

ELLIDA. Ob ich . . . Ach, wenn ich es nur wüßte! Ich weiß

nur, daß er für mich das Grauenvolle verkörpert und daß ...

WANGEL. ... und daß?

ELLIDA *(reißt sich los)*. ... und daß ich das Gefühl habe, ich gehöre zu ihm.

WANGEL *(läßt den Kopf sinken)*. Langsam verstehe ich.

ELLIDA. Und welche Hilfe hast du nun dafür? Welchen Rat kannst du mir geben?

WANGEL *(schaut sie traurig an)*. Morgen – da ist er also fort. Dann ist das Unglück von dir abgewendet. Und dann werde ich bereit sein, dich freizugeben. Dann werden wir den Handel lösen, Ellida.

ELLIDA. Ach, Wangel ... Morgen – da ist es doch zu spät!

WANGEL *(schaut in den Garten hinaus)*. Die Kinder! Die Kinder ...! Laß uns jedenfalls die Kinder schonen – bis auf weiteres.
(Arnholm, Bolette, Hilde und Lyngstrand erscheinen im Garten. Lyngstrand verabschiedet sich unten und geht nach links ab. Die anderen kommen in den Wintergarten.)

ARNHOLM. Stellt euch vor, wir haben einige Pläne geschmiedet ...

HILDE. Wir wollen heute abend auf den Fjord hinaus und ...

BOLETTE. Nein, nichts verraten!

WANGEL. Wir beide haben auch Pläne gemacht.

ARNHOLM. Ja, wirklich?

WANGEL. Ellida wird morgen nach Skjoldvik reisen – und dort eine Weile bleiben.

BOLETTE. Fortreisen?

ARNHOLM. Das ist aber eine gute Idee, Frau Wangel.

WANGEL. Ellida möchte gern heim. Zurück ans Meer.

HILDE *(springt auf Ellida zu)*. Fährst du weg! Fährst du weg von uns!

ELLIDA *(erschrocken)*. Aber Hilde! Was ist denn mit dir?

HILDE *(faßt sich)*. Ach, nichts. *(Halblaut, wendet sich von Ellida ab.)* Fahr nur weg.

BOLETTE *(voller Angst)*. Vater – ich sehe es dir an, du fährst auch nach Skjoldvik!

WANGEL. Aber bestimmt nicht, nein! Vielleicht werde ich einmal dort vorbeischauen ...

BOLETTE. Und bei uns ...?

WANGEL. Schaue ich auch ...

BOLETTE. ... einmal vorbei, ja!

WANGEL. Meine lieben Kinder, es geht nicht anders. *(Er geht auf und ab.)*

ARNHOLM *(flüstert)*. Wir reden später, Bolette. *(Er geht zu Wangel. Die beiden sprechen leise an der Tür miteinander.)*

ELLIDA *(halblaut zu Bolette)*. Was ist denn mit Hilde los? Sie sieht ja ganz verstört aus.

BOLETTE. Hast du denn nie bemerkt, wonach Hilde sich tagein, tagaus gesehnt hat?

ELLIDA. Sie hat sich gesehnt?

BOLETTE. Seit du ins Haus gekommen bist ...

ELLIDA. Nein, nein – wonach denn?

BOLETTE. Nach einem einzigen zärtlichen Wort von dir.

ELLIDA. Was! Sollte es hier etwas für mich zu tun geben! *(Sie schlägt die Hände über dem Kopf zusammen und starrt regungslos vor sich hin, wie von widerstreitenden Gedanken und Gefühlen gelähmt.)*

(Wangel und Arnholm kommen in flüsterndem Gespräch näher. Bolette schaut ins Nebenzimmer rechts. Danach öffnet sie die Tür dorthin.)

BOLETTE. Ja, lieber Vater – nun steht das Essen auf dem Tisch ... falls du also ...

WANGEL *(mit erzwungener Fassung)*. Ach, wirklich, Bolette? Das paßt ja gut. Bitteschön, Herr Studienrat. Lassen Sie uns alle hineingehen und einen Abschiedstrunk nehmen mit – mit der Frau vom Meer.

(Sie gehen durch die Tür nach rechts ab.)

Fünfter Akt

Der abgelegene Teil des Gartens mit dem Goldfischteich.
Zunehmende Sommernachtsdämmerung.
Arnholm, Bolette, Lyngstrand und Hilde staken in einem
Boot von links am Strand entlang.

HILDE. Seht mal, hier können wir gut an Land springen!

ARNHOLM. Nein, lieber nicht!

LYNGSTRAND. Ich kann nicht springen, Fräulein Hilde.

HILDE. Und Sie, Arnholm, können Sie auch nicht springen?

ARNHOLM. Ich verzichte lieber darauf.

BOLETTE. Na gut, dann legen wir eben hinten am Badehaus
an.

(Sie staken nach rechts aus dem Bild hinaus. – Gleichzeitig
kommt Ballested von rechts auf dem Fußweg heran, er trägt No-
tenhefte und ein Waldhorn. Er grüßt zum Boot, wendet sich ih-
nen zu und redet mit ihnen. Im Weitergehen sind die Antworten
aus der Ferne immer schwächer zu vernehmen.)

BALLESTED. Was sagen Sie? – Ja, natürlich ist das zu Ehren
des englischen Dampfers. Schließlich ist es für dieses Jahr
das letzte Mal, daß er herkommt. Aber wenn Sie etwas
von der Musik mitkriegen wollen, dürfen Sie nicht zu
lange zögern. *(Er ruft.)* Was? *(Er schüttelt den Kopf.)* Ich
kann Sie nicht verstehen!

(Ellida, mit ihrem Tuch um den Kopf, tritt von links auf, gefolgt
von Doktor Wangel.)

WANGEL. Aber meine liebe Ellida, ich versichere dir, es ist
noch reichlich Zeit.

ELLIDA. Nein, ist es nicht. Jeden Augenblick kann er kommen.

BALLESTED *(hinter dem Gartenzaun)*. Sieh da, guten Abend,
Herr Doktor! Guten Abend, gnädige Frau!

WANGEL *(bemerkt ihn)*. Ach, Sie hier? Soll es heute nacht auch
Musik geben?

BALLESTED. Ja. Unsere Blaskapelle will etwas zum besten
geben. Im Augenblick fehlt es ja nicht an festlichen Gele-
genheiten. Heute nacht wollen wir zu Ehren des Engländers spielen.

ELLIDA. Des Engländers! Ist er bereits zu sehen?

BALLESTED. Noch nicht. Aber er kommt ja aus dem Fjord
heraus, zwischen den Schären. Ehe man sich's versieht, ist
er dann da.

ELLIDA. Ja, das stimmt.

WANGEL *(halb zu Ellida).* Heute nacht ist seine letzte Reise.
Dann kommt er nicht wieder.

BALLESTED. Ein trauriger Gedanke, Herr Doktor, aber gerade deshalb wollen wir ihm ja auch die Ehre erweisen,
wie gesagt. Ach ja, ach ja! Jetzt geht bald die herrliche
Sommerzeit ihrem Ende zu. Bald sind alle Sunde zu, wie
es in der Tragödie heißt.

ELLIDA. Alle Sunde sind zu, ja.

BALLESTED. Ein trauriger Gedanke. Jetzt waren wir für Wo-
chen und Monate die fröhlichen Kinder des Sommers. Da
fällt es schwer, sich mit der dunklen Zeit zu versöhnen.
Zumindest am Anfang, meine ich. Denn die Menschen
können sich alki-a-aklimatiersieren, nicht wahr, Frau
Wangel. Ja, natürlich können sie das. *(Er grüßt und geht
nach links ab.)*

ELLIDA *(schaut über den Fjord).* Ach, diese schreckliche Span-
nung! Diese hektische letzte halbe Stunde vor der Entscheidung.

WANGEL. Es steht also fest, daß du mit ihm selbst reden
willst?

ELLIDA. Ich *muß* selbst mit ihm reden. Denn schließlich will
ich in voller Freiheit meine Wahl treffen.

WANGEL. Du hast keine Wahl, Ellida. Du darfst nicht wählen. Das erlaube ich dir nicht.

ELLIDA. Diese Wahl kannst du nicht verhindern. Weder du
noch sonst jemand. Du kannst mir verbieten, mit ihm zu
gehen – ihm zu folgen –, wenn ich mich dafür entscheide.

Du kannst mich mit Gewalt hier zurückhalten. Gegen meinen Willen. Das kannst du. Aber daß ich mich entscheide, nach meinem innersten Willen, mich für ihn und nicht für dich entscheide, falls ich so entscheiden will und muß, das kannst du nicht verhindern.

WANGEL. Nein, das stimmt. Das kann ich nicht verhindern.

ELLIDA. Und ich kann dem ja nichts entgegensetzen. Hier im Hause gibt es doch überhaupt nichts, was mich anzieht oder bindet. Ich bin in deinem Haus so ganz ohne Wurzeln, Wangel. Die Kinder gehören nicht mir. Ich besitze nicht ihre Seele, meine ich. Ich habe sie nie besessen. Wenn ich gehe, falls ich gehe, entweder mit ihm heute nacht oder morgen nach Skjoldvik, dann habe ich nicht einmal einen Schlüssel, den ich abgeben könnte, ich habe keine Nachricht zu hinterlegen, weder das eine, noch das andere. So wurzellos bin ich in deinem Haus. So fremd stehe ich hier allem gegenüber – von der ersten Stunde an ...

WANGEL. Du selbst hast es so gewollt,

ELLIDA. Nein, das stimmt nicht. Ich habe es weder gewollt, noch habe ich es nicht gewollt. Ich habe die Dinge einfach so weiterlaufen lassen, wie ich sie vorgefunden habe. Du warst es – und niemand sonst –, der es so gewollt hat.

WANGEL. Ich wollte nur das Beste für dich.

ELLIDA. Natürlich, Wangel, das weiß ich doch! Aber das zahlt sich nicht aus. Das rächt sich jetzt. Denn jetzt gibt es hier für mich keine Macht, die mich bindet, keine Unterstützung, keine Hilfe, nichts, was mich zu dem zieht, was unser gemeinsamer, innerster Besitz sein sollte.

WANGEL. Das sehe ich auch, Ellida. Und deshalb sollst du ja ab morgen deine Freiheit wiederhaben. Und danach kannst du dein eigenes Leben leben.

ELLIDA. Und das nennst du mein eigenes Leben! O nein, mein eigenes, wahres Leben kam aus der Bahn, als ich das Zusammenleben mit dir eingegangen bin. (*Preßt die Hände voller Angst und Unruhe aneinander.*) Und jetzt – heute nacht

– in einer halben Stunde – kommt der Mann, den ich im
Stich gelassen habe, der, dem ich unverbrüchlich die
Treue hätte halten sollen, so wie er sie mir gehalten hat!
Jetzt kommt er und bietet mir zum ersten und letzten
Mal die Möglichkeit, dieses Leben wieder zu leben, mein
wahres, richtiges Leben zu leben, dieses Leben, das er-
schreckt und anzieht, und das ich nicht ausschlagen kann.
Nicht aus freiem Willen!

WANGEL. Und eben deshalb ist es notwendig, daß dein
Mann – und dein Arzt – dir die Entscheidung aus den
Händen nimmt und für dich handelt.

ELLIDA. Ja, Wangel, ich verstehe das nur zu gut. Ach, du
mußt mir glauben, daß es Momente gibt, da bin ich überzeugt, daß ich Ruhe und Frieden finden würde, wenn ich
bei dir Zuflucht suchte, wenn ich versuchte, allen verlok-
kenden und erschreckenden Mächten zu trotzen. Aber
auch das kann ich nicht. Nein, nein, ich kann es nicht!

WANGEL. Komm, Ellida, laß uns ein wenig auf und ab gehen.

ELLIDA. Ich würde gern. Aber ich traue mich nicht. Denn er
hat ja gesagt, daß ich hier auf ihn warten solle.

WANGEL. Komm nur. Du hast noch genug Zeit.

ELLIDA. Ja, meinst du?

WANGEL. Reichlich Zeit, sag ich dir.

ELLIDA. Dann laß uns ein wenig spazierengehen.

*(Sie gehen im Vordergrund nach rechts ab. Im gleichen Moment
kommen Arnholm und Bolette vom oberen Ufer des Teichs
heran.)*

BOLETTE *(bemerkt die Fortgehenden)*. Sehen Sie nur . . .!

ARNHOLM *(leise)*. Pst, lassen Sie sie gehen.

BOLETTE. Begreifen Sie, was zwischen den beiden in den
letzten Tagen vor sich geht?

ARNHOLM. Haben Sie etwas bemerkt?

BOLETTE. Na, und ob!

ARNHOLM. Irgend etwas Besonderes?

BOLETTE. O ja, das eine und andere. Sie nicht?

ARNHOLM. Ja, ich weiß nicht so recht . . .

BOLETTE. Doch, natürlich haben Sie. Aber Sie wollen damit nicht rausrücken.

ARNHOLM. Ich glaube, Ihrer Stiefmutter würde es gut tun, diese kleine Reise zu machen.

BOLETTE. Glauben Sie das wirklich?

ARNHOLM. Ja, ich könnte mir vorstellen, daß es für alle Beteiligten gut wäre, wenn sie ab und zu mal herauskäme.

BOLETTE. Wenn sie morgen wieder zurück nach Skjoldvik geht, wird sie bestimmt nie wieder zu uns zurückkommen.

ARNHOLM. Aber meine liebe Bolette, wie kommen Sie darauf?

BOLETTE. Davon bin ich fest überzeugt. Passen Sie nur auf! Sie werden schon sehen, sie kommt nicht wieder. Jedenfalls nicht, solange Hilde und ich noch im Haus sind.

ARNHOLM. Hilde auch?

BOLETTE. Nun ja, mit Hilde könnte es vielleicht noch gehen. Sie ist ja fast noch ein Kind. Und außerdem habe ich den Eindruck, daß sie Ellida im Grunde genommen vergöttert. Aber mit mir ist das etwas anderes, wissen Sie. Eine Stiefmutter, die nicht viel älter ist als man selbst . . .

ARNHOLM. Liebe Bolette, bei Ihnen sollte es doch nicht mehr so lange dauern, bis Sie das Haus verlassen werden.

BOLETTE *(lebhaft)*. Meinen Sie? Haben Sie also mit Vater darüber geredet?

ARNHOLM. Das habe ich auch, ja.

BOLETTE. Nun, und was hat er gesagt?

ARNHOLM. Hm . . . Ihr Vater ist in diesen Tagen sehr mit anderen Gedanken beschäftigt . . .

BOLETTE. Ja, ja, das habe ich selbst auch schon gesagt.

ARNHOLM. Aber so viel habe ich zumindest aus ihm herausbekommen, daß Sie wohl nicht mit irgendwelcher Hilfe von seiner Seite rechnen können.

BOLETTE. Nicht . . .!

ARNHOLM. Er hat mir sehr einleuchtend seine Verhältnisse

geschildert. Und gemeint, daß das für ihn schier unmöglich sein würde.

BOLETTE (*vorwurfsvoll*). Und dann haben Sie das Herz und
machen sich hier über mich lustig.

ARNHOLM. Das tue ich nicht, meine liebe Bolette. Aber ob
Sie hier herauskommen oder nicht, das hängt einzig und
allein von Ihnen selbst ab.

BOLETTE. Was hängt von mir ab?

ARNHOLM. Ob Sie in die weite Welt hinaus kommen. Ob
Sie all das lernen können, was Sie gerne möchten. An all
dem Anteil nehmen, nach dem Sie sich hier so sehnen.
Ein Leben unter sonnigeren Bedingungen leben, Bolette.
Was sagen Sie dazu?

BOLETTE (*schlägt die Hände zusammen*). Oh, mein Gott ...!
Aber das alles ist doch ganz unmöglich. Wenn Vater weder will noch kann, dann ... Ich habe doch sonst niemanden auf der Welt, an den ich mich wenden kann.

ARNHOLM. Könnten Sie sich nicht dazu herablassen, die hel-
fende Hand Ihres alt-, Ihres ehemaligen Lehrers zu er-
greifen?

BOLETTE. Ihre, Herr Arnholm? Sie wären bereit ...?

ARNHOLM. Ihnen zu helfen? Ja, von Herzen gern. Mit Rat
und Tat. Darauf können Sie sich verlassen. Schlagen Sie
also ein? Nun? Sind Sie einverstanden?

BOLETTE. Ob ich einverstanden bin? Herauszukommen ...,
die Welt zu sehen, etwas Richtiges, Ordentliches zu lernen! All das, was mir so herrlich, aber auch so unerreich-
bar erschien!

ARNHOLM. Ja, all das soll Wirklichkeit werden. Wenn Sie
nur wollen.

BOLETTE. Und zu diesem unbeschreiblichen Glück wollen
Sie mir verhelfen! Aber sagen Sie – kann ich denn so ein
Geschenk von einem fremden Menschen annehmen?

ARNHOLM. Von mir können Sie das ohne Bedenken annehmen, Bolette. Von mir können Sie alles annehmen, was
immer es sei.

BOLETTE *(ergreift seine Hände).* Ja, das Gefühl habe ich fast auch. Ich weiß nicht, wieso, aber ... *(Ruft aus.)* Ach, ich könnte vor Freude gleichzeitig lachen und weinen! Aus reiner Glückseligkeit! Ach, dann werde ich doch noch richtig leben. Ich hatte schon langsam Angst, daß das Leben an mir vorübergehen würde.

ARNHOLM. Davor brauchen Sie keine Angst zu haben, liebe Bolette. Aber jetzt müssen Sie mir einmal ganz ehrlich sagen, gibt es jemanden, der ..., der Sie hier an diesen Ort bindet?

BOLETTE. Mich bindet? Nein, niemand.

ARNHOLM. Keinen Menschen?

BOLETTE. Nein, wirklich nicht. Das heißt –, Vater bindet mich ja in gewisser Weise. Und Hilde auch. Aber ansonsten ...

ARNHOLM. Nun ja, von Ihrem Vater müssen Sie ja doch früher oder später fort. Und Hilde wird eines Tages auch ihren eigenen Weg gehen. Das ist also nur eine Frage der Zeit, nichts weiter. Aber ansonsten ist da niemand, der Sie hier bindet, Bolette? Keine wie auch immer geartete Beziehung?

BOLETTE. Nein, wirklich nicht. Wenn es danach geht, kann ich überall hin reisen.

ARNHOLM. Nun, wenn es so ist, liebe Bolette, dann werden Sie mit mir reisen können.

BOLETTE *(klatscht in die Hände).* O Gott im Himmel, welch ein Glück!

ARNHOLM. Denn ich hoffe doch, daß Sie volles Vertrauen zu mir haben?

BOLETTE. Ja, das habe ich auf jeden Fall!

ARNHOLM. Und Sie wollen sich und Ihre Zukunft ohne Bedenken in meine Hände legen, nicht wahr, Bolette? Das wollen Sie doch, oder?

BOLETTE. O ja, natürlich. Warum sollte ich nicht? Wie können Sie daran zweifeln? Sie, der Sie doch mein alter Lehrer – ich meine, mein Lehrer aus alten Zeiten sind.

ARNHOLM. Nicht nur deshalb. Darüber möchte ich nicht
weiter reden. Aber ... Nun ... Sie sind also frei, Bolette.
Es gibt keine Beziehung, die Sie bindet. Und deshalb
frage ich Sie ... ob Sie ... ob Sie sich an mich ... fürs
ganze Leben binden wollen?

BOLETTE *(weicht erschrocken zurück)*. Was sagen Sie da?

ARNHOLM. Fürs ganze Leben, Bolette. Ob Sie meine Frau
werden wollen.

BOLETTE *(halb zu sich)*. Nein, nein, nein. Das ist unmöglich.
Vollkommen unmöglich!

ARNHOLM. Sollte das wirklich so unmöglich für Sie sein,
mich zu ...?

BOLETTE. Aber Sie können doch um alles in der Welt nicht
selbst glauben, was Sie da sagen, Herr Arnholm! *(Schaut
ihn an.)* Oder ... Trotzdem ... Haben Sie das gemeint, als
Sie mir anboten, so viel für mich zu tun?

ARNHOLM. Jetzt hören Sie mir einmal zu, Bolette. Ich habe
das Gefühl, daß ich Sie sehr überrascht habe.

BOLETTE. Ja, wie sollte so etwas ... von Ihnen ... wie sollte
mich das nicht überraschen!

ARNHOLM. Da mögen Sie recht haben. Sie wußten ja nicht
... konnten nicht wissen, daß ich nur Ihretwegen die
Reise hierher unternommen habe.

BOLETTE. Sie sind meinetwegen hierher gekommen?

ARNHOLM. Ja, Bolette. Im Frühjahr habe ich einen Brief von
Ihrem Vater bekommen. Und in dem fand sich eine For-
mulierung, die mich hat glauben lassen ... hm ... daß Sie
Ihren ehemaligen Lehrer in einer mehr als nur freund-
schaftlichen Erinnerung hatten.

BOLETTE. Wie konnte Vater nur so etwas schreiben!

ARNHOLM. Er hatte es gar nicht so gemeint. Aber ich habe
danach in der Einbildung gelebt, daß sich hier ein junges
Mädchen danach sehnt, daß ich zurückkomme. – Nein,
unterbrechen Sie mich jetzt nicht, liebe Bolette! Und –
wissen Sie, wenn man, so wie ich, nicht mehr ganz in der
Blüte der Jugend steht, dann macht so ein Gedanke –

oder so eine Einbildung – einen unglaublich starken Eindruck, und daraus ist eine lebhafte und dankbare Verehrung Ihrer Person entstanden. Ich hatte das Gefühl, daß ich einfach zu Ihnen fahren mußte. Sie wiedersehen. Ihnen sagen, daß ich die Gefühle teile, von denen ich mir einbildete, daß Sie sie für mich hegten.

BOLETTE. Aber jetzt wissen Sie doch, daß das nicht stimmt. Daß es ein Mißverständnis war!

ARNHOLM. Das nützt nichts, Bolette. Ihr Bild, wie ich es in mir trage, wird immer von der Stimmung gefärbt und geprägt sein, die dieses Mißverständnis in mir erweckt hat. Das können Sie vielleicht nicht verstehen. Aber so ist es.

BOLETTE. Ich hätte mir nie denken können, daß so etwas geschehen könnte.

ARNHOLM. Aber jetzt, wo sich zeigt, daß es das doch kann? Was sagen Sie nun, Bolette? Könnten Sie sich nicht doch entschließen, meine ... ja, meine Ehefrau zu werden?

BOLETTE. Aber das scheint mir vollkommen unmöglich, Herr Arnholm. Ihre Ehefrau, wo Sie doch mein Lehrer gewesen sind! Ich kann mir nicht vorstellen, in irgendeiner anderen Beziehung zu Ihnen zu stehen.

ARNHOLM. Ja, nun, wenn Sie also meinen, Sie können nicht ... Dann bleibt unsere Beziehung also wie sie war, liebe Bolette.

BOLETTE. Wie meinen Sie das?

ARNHOLM. Ich stehe natürlich weiterhin zu meinem Angebot. Ich werde dafür sorgen, daß Sie hier herauskommen und sich in der Welt umsehen können. Daß Sie das lernen können, wozu Sie wirklich Lust haben. Daß Sie in sicheren und unabhängigen Verhältnissen leben können. Für Ihre weitere Zukunft werde ich auch sorgen, Bolette. In mir werden Sie immer einen guten, treuen, zuverlässigen Freund haben. Seien Sie sich dessen gewiß!

BOLETTE. Aber, mein Gott, Herr Arnholm, das ist doch jetzt vollkommen unmöglich geworden.

ARNHOLM. Warum ist auch das unmöglich?

BOLETTE. Na, das können Sie sich doch denken! Nach allem, was Sie mir gesagt haben ... und nach der Antwort, die ich Ihnen gegeben habe. Ach, das müssen Sie doch verstehen, daß ich jetzt unmöglich so viel von Ihnen annehmen kann! Überhaupt nichts mehr kann ich nun von Ihnen annehmen. Niemals, nach all dem!

ARNHOLM. Dann wollen Sie lieber hier zu Hause versauern und das Leben an sich vorübergehen lassen?

BOLETTE. Ach, es tut so weh, daran zu denken!

ARNHOLM. Wollen Sie darauf verzichten, etwas von der Welt da draußen zu sehen? Wollen Sie auf all das verzichten, von dem Sie selbst sagen, daß Sie sich danach sehnen? Wissen, daß es unendlich viel mehr gibt, und dennoch nichts davon erfahren? Überlegen Sie es sich gut, Bolette.

BOLETTE. Ach ja ... Sie haben ja so recht, Herr Arnholm.

ARNHOLM. Und dann ... wenn einmal Ihr Vater nicht mehr sein wird, sind Sie vielleicht ganz allein und hilflos auf der Welt. Oder Sie müssen sich einem anderen Mann hingeben, für den Sie vielleicht auch keine Liebe empfinden.

BOLETTE. Ach ja, mir ist schon klar, wie wahr das ist, was Sie sagen. Aber trotzdem ...! Oder vielleicht doch ...?

ARNHOLM *(rasch)*. Nun?

BOLETTE *(schaut ihn zweifelnd an)*. Vielleicht ist es doch nicht ganz ausgeschlossen ...

ARNHOLM. Was, Bolette?

BOLETTE. Daß es sich machen ließe, darauf einzugehen, auf das, was Sie mir vorgeschlagen haben.

ARNHOLM. Meinen Sie, Sie wären vielleicht doch bereit ...? Sie könnten mir doch die Freude bereiten, daß ich Ihnen als treuer Freund helfen dürfte?

BOLETTE. Nein, nein, nein! Das niemals! Das wäre einfach unmöglich. Nein, Herr Arnholm, dann nehmen Sie mich lieber hin.

ARNHOLM. Bolette! Sie wollen also doch?

BOLETTE. Ja, ich glaube ... ich will es.

ARNHOLM. Sie wollen also meine Frau werden!

BOLETTE. Ja. Wenn Sie meinen, daß Sie mich haben wollen.

ARNHOLM. Ob ich meine . . .! *(Ergreift ihre Hand.)* Oh, danke, danke, Bolette. Was Sie da vorher gesagt haben, Ihre Zweifel, die erschrecken mich nicht. Und wenn ich jetzt noch nicht ganz und gar Ihr Herz gewonnen habe, so werde ich es mit der Zeit gewinnen. Oh, Bolette, ich werde Sie auf Händen tragen!

BOLETTE. Und ich darf mich in der Welt umsehen. Darf mein Leben leben. Das haben Sie mir versprochen.

ARNHOLM. Dazu stehe ich.

BOLETTE. Und ich darf alles lernen, was ich möchte.

ARNHOLM. Ich selbst will Ihr Lehrer sein. Wie früher, Bolette. Erinnern Sie sich doch an das letzte Schuljahr . . .

BOLETTE *(leise und in Gedanken versunken)*. Wie das sein wird – sich frei zu wissen und hinaus zu kommen. Und sich keine Sorgen um die Zukunft machen zu müssen, keine Gedanken über das lächerliche täglich Brot . . .

ARNHOLM. Nein, an so etwas brauchen Sie ab jetzt keinen Gedanken mehr verschwenden. Und, nicht wahr, liebe Bolette, das ist doch auch etwas Feines, oder?

BOLETTE. Ja, das ist es wirklich. Ganz bestimmt.

ARNHOLM *(legt seinen Arm um ihre Taille)*. Ach, Sie werden sehen, wie glücklich und zufrieden wir sein werden! Und wie gut, sicher und vertraut wir miteinander auskommen werden, Bolette!

BOLETTE. Ja, ich fange langsam auch an . . . Im Grunde genommen glaube ich, daß es gehen könnte. *(Sie schaut nach rechts und macht sich schnell frei.)* Oh! Sagen Sie nichts!

ARNHOLM. Was ist denn, meine Liebe?

BOLETTE. Ach, da ist dieser arme . . . *(Deutet in die Ferne.)* Sehen Sie, da hinten.

ARNHOLM. Ist das Ihr Vater?

BOLETTE. Nein, das ist der junge Bildhauer. Er kommt dort mit Hilde.

ARNHOLM. Ach, Lyngstrand. Und was ist mit ihm?

BOLETTE. Sie wissen doch, wie schwach und krank er ist.

ARNHOLM. Sicher, wenn das alles nicht nur Einbildung ist.

BOLETTE. O nein, das ist es nicht. Er lebt gewiß nicht mehr
lange. Nun ja, vielleicht ist es so am besten für ihn.

ARNHOLM. Aber meine Liebe, warum sollte es das Beste für
ihn sein?

BOLETTE. Weil ... weil wohl sowieso nie etwas aus seiner
Kunst werden wird. Wir gehen lieber, bevor die beiden
kommen.

ARNHOLM. Von Herzen gern, meine liebe Bolette.

(Hilde und Lyngstrand kommen am Teichufer näher.)

HILDE. Hallo, hallo! Wollen die Herrschaften nicht auf uns
warten?

ARNHOLM. Bolette und ich gehen lieber schon mal voraus.

(Er und Bolette gehen nach links ab.)

LYNGSTRAND *(lacht leise)*. Es ist wirklich lustig im Augenblick
hier. Alle Menschen gehen nur paarweise. Immer zwei
und zwei zusammen.

HILDE *(schaut ihnen nach)*. Ich könnte fast schwören, daß er
um ihre Hand angehalten hat.

LYNGSTRAND. Wirklich? Haben Sie etwas in der Richtung
gemerkt?

HILDE. O ja. Das ist nicht besonders schwer, wenn man einen Blick dafür hat.

LYNGSTRAND. Aber Fräulein Bolette wird ihn doch nicht
nehmen. Da bin ich mir ganz sicher.

HILDE. Nein. Sie findet, daß er verdammt alt geworden ist.
Und dann glaubt sie, daß er bald eine Glatze kriegt.

LYNGSTRAND. Na ja, daran allein wird es wohl nicht liegen.
Sie wird ihn auch so nicht haben wollen.

HILDE. Woher wollen Sie das denn wissen?

LYNGSTRAND. Nun ja, weil es einen anderen gibt, dem sie
versprochen hat, an ihn zu denken.

HILDE. Nur an ihn zu denken?

LYNGSTRAND. Während er fort ist, ja.

HILDE. Ach, dann sind wohl Sie selbst derjenige, an den sie
denken soll!

LYNGSTRAND. Das könnte schon sein.

HILDE. Hat sie Ihnen das versprochen?

LYNGSTRAND. Ja, stellen Sie sich vor, sie hat es mir versprochen! Aber Sie dürfen ihr auf keinen Fall erzählen, daß Sie das wissen.

HILDE. Um nichts in der Welt: Mein Mund ist verschlossen und versiegelt.

LYNGSTRAND. Ich finde das so unglaublich nett von ihr.

HILDE. Und wenn Sie dann wieder zurückkommen, wollen Sie sich dann mit ihr verloben? Und sie dann heiraten?

LYNGSTRAND. Nein, das wäre wohl nicht das Richtige. Denn in den ersten Jahren darf ich an so etwas ja gar nicht denken. Und wenn ich dann endlich so weit bin, wird sie wohl irgendwie schon zu alt für mich sein, denke ich mir.

HILDE. Aber dennoch wollen Sie, daß sie an Sie denkt?

LYNGSTRAND. Ja, weil das ungemein nützlich für mich ist. Für mich als Künstler, wissen Sie. Und sie kann das ja ohne weiteres tun, da sie selbst keine derartige Berufung verspürt. Aber nett ist es trotzdem von ihr.

HILDE. Glauben Sie denn, daß Sie schneller an ihrem Kunstwerk arbeiten können, wenn Sie wissen, daß Bolette an Sie denkt?

LYNGSTRAND. Ja, genau das stelle ich mir vor. Allein zu wissen, daß es irgendwo auf der Welt eine schöne, verschwiegene junge Frau gibt, die im Verborgenen von einem träumt, wissen Sie. Ich denke, das muß doch ... Ja, ich weiß selber nicht so recht, wie ich es nennen soll.

HILDE. Meinen Sie vielleicht – es ist spannend?

LYNGSTRAND. Spannend? Ja, genau. Spannend, das habe ich gemeint. Oder so ähnlich. *(Schaut sie eine Weile an.)* Sie sind so klug, Fräulein Hilde. Wirklich sehr klug sind Sie. Wenn ich wieder zurückkomme, werden Sie ungefähr im gleichen Alter sein wie Ihre Schwester jetzt. Vielleicht sehen Sie dann auch so aus wie Ihre Schwester jetzt. Und vielleicht hegen Sie dann ähnliche Gefühle wie sie heute.

Ich meine, daß Sie vielleicht sowohl Sie selbst als auch
Bolette geworden sind, sozusagen beides in einer Gestalt.

HILDE. Würden Sie sich das wünschen?

LYNGSTRAND. Ich weiß nicht so recht. Doch, ich glaube es
fast. Aber jetzt, in diesem Sommer, möchte ich doch am
liebsten, daß Sie ganz Sie selbst sind. Und genau so, wie
Sie gerade sind.

HILDE. Gefalle ich Ihnen so am besten?

LYNGSTRAND. Ja, so gefallen Sie mir ungemein.

HILDE. Hm, sagen Sie mir, Sie als Künstler, finden Sie, daß
es zu mir paßt, wenn ich immer so helle Sommerkleider
trage?

LYNGSTRAND. Ja, ich finde, das steht Ihnen ausgezeichnet.

HILDE. Sie finden also, mir stehen die hellen Farben?

LYNGSTRAND. Ja, das Helle paßt nach meinem Geschmack
besonders gut zu Ihnen.

HILDE. Aber sagen Sie mir, Sie als Künstler, wie würde ich
mich wohl in schwarz machen?

LYNGSTRAND. In schwarz, Fräulein Hilde?

HILDE. Ja, ganz in schwarz. Glauben Sie, das würde mir stehen?

LYNGSTRAND. Nun ja, schwarz ist ja nicht gerade etwas für
den Sommer. Aber ansonsten wird auch schwarz Ihnen
sicher ausgezeichnet stehen. Gerade Ihnen, mit Ihrem
Aussehen.

HILDE *(schaut vor sich hin)*. Ganz in schwarz, hochgeschlos-
sen, mit schwarzer Spitze, schwarzen Handschuhen und
einem langen schwarzen Schleier über der Schulter.

LYNGSTRAND. Wenn Sie das tragen würden, Fräulein Hilde,
dann wäre ich gern Maler – und würde eine junge, wun-
derschöne, trauernde Witwe malen.

HILDE. Oder eine junge, trauernde Braut.

LYNGSTRAND. Ja, das würde ja noch besser zu Ihnen passen.
Aber Sie wollen doch nicht solche Kleidung tragen?

HILDE. Ich weiß nicht so recht. Auf jeden Fall finde ich es
sehr spannend.

LYNGSTRAND. Spannend?

HILDE. Spannend, daran zu denken, ja. *(Deutet plötzlich nach links.)* Aber sehen Sie nur!

LYNGSTRAND *(schaut auch in die Richtung).* Der große englische Dampfer! Und schon am Anlegesteg!
(Wangel und Ellida kommen am Teichufer heran.)

WANGEL. Nein, ich versichere dir, meine liebe Ellida, du irrst dich! *(Erblickt die anderen.)* Ach, ihr hier? Nicht wahr, Herr Lyngstrand, er ist noch nicht in Sicht?

LYNGSTRAND. Der große englische Dampfer?

WANGEL. Ja, genau.

LYNGSTRAND *(deutet nach links).* Da liegt er bereits, Herr Doktor.

ELLIDA. Oh! Ich habe es doch gewußt.

WANGEL. Er ist gekommen!

LYNGSTRAND. Gekommen wie ein Dieb in der Nacht, kann man wohl sagen. Ganz heimlich, still und leise ...

WANGEL. Sie müssen Hilde zum Anlegesteg begleiten, sie will bestimmt die Musik hören! Beeilen Sie sich!

LYNGSTRAND. Ja, wir wollten gerade gehen, Herr Doktor.

WANGEL. Wir kommen vielleicht noch nach. Ein wenig später.

HILDE *(flüstert zu Lyngstrand).* Die beiden gehen auch paarweise.
(Sie und Lyngstrand gehen durch den Garten nach links ab. Während der folgenden Szene ist von fern vom Fjord her Blasmusik zu hören.)

ELLIDA. Er ist gekommen! Er ist da! Ja, ja, ich fühle es.

WANGEL. Du solltest lieber reingehen, Ellida. Laß mich allein mit ihm reden.

ELLIDA. Ach, das ist unmöglich! Unmöglich, habe ich gesagt! *(Sie stößt einen Schrei aus.)* Oh, da ist er, Wangel!
(Der fremde Mann kommt von links und bleibt auf dem Fußweg vor dem Gartenzaun stehen.)

DER FREMDE *(grüßt).* Guten Abend. Hier bin ich wieder, Ellida.

ELLIDA. Ja, ja, die Stunde ist gekommen.

DER FREMDE. Und, bist du reisefertig? Oder nicht?

WANGEL. Sie sehen doch selbst, daß sie das nicht ist.

DER FREMDE. Ich frage nicht nach Reisekleidern oder ähnlichem. Auch nicht nach gepackten Koffern. Alles, was sie für die Reise braucht, habe ich an Bord. Und für eine Kajüte für sie habe ich auch gesorgt. *(Zu Ellida.)* Ich frage dich also, ob du bereit bist, mit mir zu kommen, aus freiem Willen mit mir zu gehen?

ELLIDA *(flehend)*. Oh, frage mich nicht! Führe mich nicht derart in Versuchung!

(Von hinten ist entfernt eine Schiffsglocke zu hören.)

DER FREMDE. Nun läuten sie zum ersten Mal an Bord. Jetzt mußt du ja oder nein sagen.

ELLIDA *(ringt ihre Hände)*. Die Entscheidung! Die Entscheidung fürs Leben! Die nie wieder rückgängig zu machen ist!

DER FREMDE. Nie. In einer halben Stunde ist es zu spät.

ELLIDA *(schaut ihn scheu und forschend zugleich an)*. Warum halten Sie eigentlich so unerschütterlich an mir fest?

DER FREMDE. Spürst du nicht das gleiche wie ich, daß wir beide zusammengehören?

ELLIDA. Meinen Sie wegen unseres Versprechens?

DER FREMDE. Ein Versprechen bindet niemanden. Keinen Mann und keine Frau. Wenn ich so unerschütterlich an dir festhalte, dann nur aus einem einzigen Grunde: Ich kann nicht anders.

ELLIDA *(leise und bewegt)*. Warum sind Sie nicht früher gekommen?

WANGEL. Ellida!

ELLIDA *(bricht aus)*. Ach, diese Kraft, wie sie mich anzieht und verlockt – in das Unbekannte! Die Macht des ganzen Meeres ist in ihr versammelt.

(Der fremde Mann klettert über den Gartenzaun.)

ELLIDA *(weicht hinter Wangel zurück)*. Was soll das? Was wollen Sie?

DER FREMDE. Ich sehe es genau, und ich höre es, Ellida, am
Ende wirst du dich doch für mich entscheiden.

WANGEL *(tritt ihm in den Weg)*. Meine Frau hat hier gar keine
Entscheidung zu treffen. Es ist meine Sache, für sie zu
entscheiden und sie zu beschützen. Wenn Sie nicht von
hier verschwinden, wenn Sie nicht außer Landes gehen
und nie wiederkommen, wissen Sie, was Ihnen dann
blüht?

ELLIDA. Nein, nein, Wangel! Das nicht!

DER FREMDE. Was wollen Sie dann mit mir tun?

WANGEL. Ich werde Sie verhaften lassen – als Verbrecher!
Und zwar sofort. Denn ich weiß alles über den Mord damals in Skjoldvik.

ELLIDA. O Wangel, wie kannst du nur . . .!

DER FREMDE. Das habe ich erwartet. Und deshalb . . . *(Zieht
einen Revolver aus seiner Brusttasche.)* . . . deshalb habe ich
für das hier gesorgt.

ELLIDA *(wirft sich vor Wangel)*. Nein, nein, nicht ihn! Dann er-
schießen Sie lieber mich.

DER FREMDE. Weder dich noch ihn. Keine Sorge. Der ist nur
für mich. Denn ich will leben und sterben als ein freier
Mann.

ELLIDA *(immer erregter)*. Wangel! Laß mich dir eins sagen, so
daß auch er es hört: Natürlich kannst du mich hier zurückhalten! Du hast dazu die Macht und die Mittel. Und
das willst du ja auch tun. Aber mein Gemüt, alle meine
Gedanken, meine Sehnsüchte und Begierden, die kannst
du nicht fesseln! Die wollen ins Unbekannte streben und
eilen, in jenes Unbekannte, für das ich geschaffen bin –
und das du mir versperrt hast!

WANGEL *(in leisem Schmerz)*. Ich sehe es ja ein, Ellida! Schritt
für Schritt entgleitest du mir. Dieses Verlangen nach dem
Grenzenlosen und Endlosen, der Wunsch nach dem Un-
erreichbaren, das wird deine Sinne am Ende in die Fin-
sternis der Nacht treiben.

ELLIDA. O ja, ja, ich spüre es . . . wie schwarze, lautlose
Schwingen über mir!

WANGEL. So weit soll es nicht kommen. Es gibt keine andere Rettung für dich. Ich sehe jedenfalls keine. Und deshalb ... deshalb löse ich jetzt unsere Bindung. Du kannst jetzt deinen Weg wählen ... in voller ... in voller Freiheit.

ELLIDA *(starrt ihn eine Weile sprachlos an)*. Ist das wahr, wirklich wahr, was du sagst? Meinst du das aus vollem Herzen?

WANGEL. Ja, aus vollem, blutendem Herzen.

ELLIDA. Und kannst du das auch? Kannst du das zulassen?

WANGEL. Ja, das kann ich. Ich kann es, weil ich dich so sehr liebe.

ELLIDA *(leise und bewegt)*. So nahe bin ich dir also doch gekommen.

WANGEL. Das haben die Jahre und unser Zusammenleben bewirkt.

ELLIDA *(schlägt die Hände zusammen)*. Und ich, ich habe es kaum bemerkt!

WANGEL. Deine Gedanken sind andere Wege gegangen. Aber jetzt, jetzt gebe ich dich frei, du bist nicht mehr an mich und mein Leben gebunden. Und nicht mehr an die Meinen. Jetzt kann dein eigenes, wahres Leben wieder auf die ... die richtigen Gleise kommen. Denn jetzt kannst du vollkommen frei entscheiden. Und in eigener Verantwortung, Ellida.

ELLIDA *(faßt sich an den Kopf und starrt vor sich hin in Wangels Richtung)*. In Freiheit und eigener Verantwortung! Auch in eigener Verantwortung? Das auch?

(Die Schiffsglocke ist erneut zu hören.)

DER FREMDE. Hörst du, Ellida! Jetzt läuten sie zum letzten Mal. Komm also.

ELLIDA *(wendet sich ihm zu, schaut ihn fest an und sagt mit machtvoller Stimme)*. Nach dem, was jetzt geschehen ist, werde ich niemals mit Ihnen gehen.

DER FREMDE. Du kommst nicht mit?

ELLIDA *(hält sich an Wangel fest)*. Nein, niemals, nach allem, was geschehen ist!

WANGEL. Ellida ... Ellida!

DER FREMDE. Es ist also vorbei?

ELLIDA. Ja. Vorbei für alle Zeiten.

DER FREMDE. Ich sehe schon. Hier ist etwas am Werk, das ist stärker als mein Wille.

ELLIDA. Ihr Wille hat keinerlei Macht mehr über mich. Für mich sind Sie ein Toter – der dem Meer entstiegen ist. Und der wieder dorthin zurückkehrt. Aber mich graut nicht mehr vor Ihnen. Und es zieht mich auch nichts mehr an.

DER FREMDE. Leben Sie wohl, gnädige Frau! *(Er springt über den Gartenzaun.)* Von jetzt an sind Sie nichts anderes mehr in meinem Leben als ein ... ein Schiffbruch, den ich überstanden habe. *(Geht nach links ab.)*

WANGEL *(schaut sie eine Weile an)*. Ellida, dein Gemüt ist wie das Meer. Es hat Ebbe und Flut. Wie kam es zu dieser Veränderung?

ELLIDA. Begreifst du denn nicht, daß sie kam, daß sie kommen mußte – als ich in Freiheit entscheiden konnte?

WANGEL. Und das Unbekannte – es reizt dich nicht mehr?

ELLIDA. Weder zieht es mich an noch erschreckt es mich. Ich hätte hineinschauen können – und hineingehen, wenn ich nur gewollt hätte. Ich hätte mich dafür entscheiden können. Und deshalb kann ich es jetzt auch entbehren.

WANGEL. Langsam fange ich an zu verstehen – so ganz allmählich. Du denkst und sprichst in Bildern, und in bildhaften Vorstellungen. Deine Sehnsucht und dein Verlangen nach dem Meer, dieses Sehnen nach ihm, nach dem fremden Mann, das ist Ausdruck eines erwachenden und wachsenden Wunsches nach Freiheit in dir gewesen. Nichts anderes.

ELLIDA. Ach, ich weiß nicht, was ich dazu sagen soll. Aber du warst mir ein guter Arzt. Du hast das einzige Mittel gefunden, was mir helfen konnte, und du hast dich getraut, es auch anzuwenden.

WANGEL. Nun ja, in äußerster Not und Gefahr wagen wir

Ärzte so einiges. Aber jetzt kommst du wieder zurück zu mir, Ellida?

ELLIDA. Ja, mein lieber, treuer Wangel, jetzt komme ich zu dir zurück. Jetzt kann ich es. Denn jetzt komme ich zu dir in voller Freiheit, ganz freiwillig, und in eigener Verantwortung.

WANGEL *(schaut sie herzlich an)*. Ellida! Ellida! Oh, wenn ich mir vorstelle, daß wir beide jetzt füreinander leben werden ...

ELLIDA. ... und mit gemeinsamen Lebenserinnerungen, mit deinen und meinen.

WANGEL. Ja, nicht wahr, meine Liebe!

ELLIDA. ... und für unsere beiden Kinder, Wangel.

WANGEL. Du nennst sie unsere!

ELLIDA. Sie gehören mir zwar nicht, aber ich werde sie schon für mich gewinnen.

WANGEL. Unsere ...! *(Küßt glücklich und feurig ihre Hände.)* Oh, ich kann gar nicht genug danken für dieses Wort! *(Hilde, Ballested, Lyngstrand, Arnholm und Bolette kommen von links in den Garten. – Gleichzeitig gehen viele junge Leute und Sommergäste aus der Stadt den Weg entlang.)*

HILDE *(halblaut zu Lyngstrand)*. Nein, sehen Sie nur, wie verliebt Vater und sie aussehen!

BALLESTED *(der das gehört hat)*. Es ist Sommer, mein kleines Fräulein.

ARNHOLM *(blickt zu Wangel und Ellida)*. Jetzt fährt der Engländer ab.

BOLETTE *(geht zum Zaun)*. Von hier aus kann man ihn am besten sehen.

LYNGSTRAND. Die letzte Fahrt für dieses Jahr.

BALLESTED. Bald sind alle Sunde zu, wie der Dichter sagt. Das ist traurig, Frau Wangel! Und jetzt verlieren wir Sie auch noch für eine Weile. Wie ich gehört habe, fahren Sie morgen ja nach Skjoldvik hinaus.

WANGEL. Nein, daraus wird nichts. Heute nacht haben wir beide uns anders entschieden.

ARNHOLM *(schaut Wangel und Ellida abwechselnd an).* Ach . . . wirklich!

BOLETTE *(kommt nach vorn).* Vater – stimmt das?

HILDE *(zu Ellida).* Bleibst du doch bei uns?

ELLIDA. Ja, liebe Hilde, falls du mich dahaben willst.

HILDE *(kämpft mit den Freudentränen).* Also, und ob ich das will . . .!

ARNHOLM *(zu Ellida).* Das ist aber wirklich eine Überraschung . . .!

ELLIDA *(lächelt, ernst).* Ja, wissen Sie, Herr Arnholm . . . Erinnern Sie sich noch daran, worüber wir gestern sprachen? Wenn jemand einmal ein Landtier geworden ist, dann gibt es für ihn keinen Weg mehr zurück – ins Meer. Und auch nicht mehr zurück zu einem Leben im Meer.

BALLESTED. Das ist ja genau wie bei meiner Meerjungfrau.

ELLIDA. So ungefähr, ja.

BALLESTED. Nur mit dem Unterschied, daß die Meerjungfrau – daß die daran stirbt. Die Menschen dagegen, die können sich aklam-aklimatisieren. Doch, doch, bestimmt, Frau Wangel, die können sich a-kli-matisieren!

ELLIDA. Ja, in Freiheit können sie das, Herr Ballested.

WANGEL. Und in eigener Verantwortung, liebe Ellida.

ELLIDA *(schnell, gibt ihm die Hand).* Genau so ist es.

(Der große Dampfer gleitet lautlos über den Fjord. Die Musik dringt laut ans Ufer.)

Nachwort

Wenn Fontane nach der Berliner Erstaufführung der *Frau vom Meer* (5. März 1889) das Leitmotiv des Stückes als »Das Wasser rauscht', das Wasser schwoll«-Zauber« kennzeichnet, gibt der Durchblick bis zu Goethe ein Leitmotiv des 19. Jahrhunderts frei. Nicht nur das »feuchte Weib« der Ballade zieht Goethes Fischer in die Tiefe, auch die »Geister über den Wassern« singen: »Des Menschen Seele gleicht dem Wasser.« Die Romantik bildete das Gleichnis fort: »Ich liebe das Meer wie meine Seele. Oft wird mir sogar zumute, als sei das Meer eigentlich meine Seele selbst«, schrieb Heinrich Heine 1826 in seiner Betrachtung *Norderney*. Andersen dichtete sein Märchen von der kleinen Seejungfrau, die auf dem Meeresgrunde nach einer unsterblichen Seele verlangt, und Richard Wagner erblickte in dieser Seejungfrau die Musik selbst. Seine Abhandlung *Oper und Drama* (1851) verkündet: »Die Musik ist ein Weib. Die Natur des Weibes ist die Liebe: es ist das Wellenmädchen, das seelenlos durch die Wogen seines Elementes dahinrauscht, bis es durch die Liebe eines Mannes erst die Seele empfängt.« Doch die Meerseele strebt ins Nächtige zurück: »Traulich und treu ist's nur in der Tiefe«, singen im *Rheingold* die Rheintöchter, und Isoldes Liebestod kündet das innerste Verlangen des Bewußtseins: »Ertrinken, versinken – unbewußt – höchste Lust!«

Die »dionysische« Epoche ist der Zeithintergrund des Ibsen-Dramas. Durch alle späten Ibsen-Dramen geht der Gegensatz von Bewußtsein und Unbewußtem. Er wird dichterisch produktiv in der Polarität von Symbol und Analyse.

Schon *Die Wildente* faßt den Seelengrund als Meeresgrund. Wenn die deklassierte Familie Ekdal in ihrer Bodenkammer zusammen mit Hühnern und Tauben eine angeschossene Wildente hätschelt, die einst auf den Meeresgrund

hinabtauchte, nun aber in ihrer Winkelexistenz »das alte
wilde Leben ganz vergessen hat«, glauben die Ekdals in
dem alt und fett gewordenen Tier den Meeresgrund und das
alte wilde Leben noch zu besitzen. Als eine Ersatzschöp-
fung des Seelengrundes *ist* für die kleine Hedwig die Bodenkammer eine Art Meeresgrund. Wie nirgendwo sonst
im zeitgenössischen Drama ist Ibsen (1828–1906) hier Sym-
boliker und Analytiker des Unbewußten.

Die Frau vom Meer setzt diese Linie fort. Ellida, die
Tochter des Leuchtturmwärters von der Küste, bleibt in der
bürgerlichen Umwelt, in die sie hineingeheiratet hat, eine
»Frau vom Meer«, ein fremdes Elementarwesen. Auf
ihren Wunsch soll der Maler Ballested ein Bild malen. Das Bild
symbolisiert ihr Schicksal: »eine halbtote Meerjungfrau …
hat sich [in den Fjord] verirrt und findet nicht wieder ins
Meer zurück«. Der Seemann, der »wildfremde Mann«, dem
sie sich in einer mystischen Zeremonie anverlobte, ist ihr als
eine ebenso starke Natur urverwandt. Sie nennt ihn einen
»grauenvollen« Menschen. Denn das Grauenvolle, das
»diese unbegreifliche Macht über die Sinne« hat, gleichzeitig
anzieht und abstößt, ist das alte wilde Leben ihrer Natur,
das sie nicht vergessen kann und das ihr nun der fremde
Seemann als ein Revenant verkörpert. Um ihn kreist ihr
Traum – um ihn kreist auch die Analyse.

Auf Wangels Frage, wovon sie mit dem Fremden gesprochen habe, läßt Ellida das gemeinsame Element aufleuchten:
»Meistens über das Meer. […] über Stürme und Flauten,
über dunkle Nächte auf dem Meer, auch über das Meer an
funkelnden Sonnentagen haben wir geredet. Aber meistens
haben wir uns über Wale und Delphine unterhalten und
über Seehunde, die in der Mittagswärme draußen auf den
Schären liegen. Auch über Möwen, Seeadler und all die anderen Seevögel, die man kennt. Und stell dir vor – ist das
nicht merkwürdig, wenn wir darüber gesprochen haben,
schien es mir oft, als wären die Meerestiere und Meeresvögel mit ihm verwandt.«

Dank ihrer Verwandtschaft mit dem Kosmos ist die
»Heidin« Ellida ein mythisches Wesen. Sie paßt nicht in den
zahmen Karpfenteich, in den sie hineingeraten ist. Ihre
Stieftochter Bolette spricht es einmal aus: »[. . .] wir leben
nicht viel anders als die Goldfische da im Teich. Der Fjord
ist so nahe, und in ihm schwimmen die großen, wilden
Fischschwärme herein und wieder hinaus. Doch davon erfahren die armen, zahmen Hausfische überhaupt nichts« –
so wenig wie die Hühner und Tauben in der Ekdalschen
Bodenkammer etwas von dem Meeresgrund der Wildente
erfahren. (Übrigens bezeichnete auch Otto Brahm Ibsen als
den Hecht im Karpfenteich der seichten deutschen Schau-
spielproduktion der siebziger Jahre.) Nur Hilde Wangel mit
ihrer Lust an allem »Spannenden« und ihrer heimlichen
Liebe zu der schönen fremdartigen Stiefmutter fällt aus dem
Rahmen; im *Baumeister Solness* (1892) wird sie dann, zur
jungen Dame herangewachsen, noch einmal eine Hauptrolle
spielen.

Mit der kosmischen Natur einer Ellida wird der späte Ibsen, einer der großen Bahnbrecher des Naturalismus, schon
ein Bahnbrecher des Expressionismus, der, wie Kasimir Ed-
schmid es fast drei Jahrzehnte später (1917) programmatisch
definierte, »gegen das Atomische, Verstückte der Impres-
sionisten ein großes umspannendes Weltgefühl« setzte. »In
ihm stand [. . .] das Dasein als eine große Vision. Die große
Musik eines Dichters sind seine Menschen. Sie werden ihm
nur groß, wenn [. . .] ihr Herz, verschwistert allem Geschehen, schlägt im gleichen Rhythmus wie die Welt.« Ibsen
glaubte selbst, mit diesem Stück Neuland zu erobern. Nach
Absendung des Manuskriptes schrieb er im September 1888
an seinen Verleger: »Ich vertraue getrost darauf, daß dieses
Schauspiel allgemein interessieren wird. In vieler Beziehung
habe ich ja diesmal eine neue Richtung eingeschlagen.« Die-
selbe »Richtung« hielt 1894 Knut Hamsuns *Pan*. Noch
eruptiver und allgegenwärtiger ist dort die Verschwisterung
mit dem Universum.

Ellidas Verirrung ins Bürgerliche, ihre *Verdrängung* des
»Grauenvollen« äußern sich in einer krankhaften Sensibili-
tät. Wangel bemerkt auf die Frage: »Fehlt ihr vielleicht etwas?« – »Nicht direkt. Obwohl sie in den letzten Jahren
reichlich nervös war.« Fontane sieht hier das Urbild eines
modernen Frauentypus. Er fragt: »Gibt es Gestalten wie Ellida? Ja. Gibt es ihrer viele, so daß von einem Ausnahmefall
nicht mehr die Rede sein kann? Auch ja ... Es hat Jahrhunderte ohne Ellidas gegeben, jetzt kommen die Jahrhunderte
mit. Und weil sie da sind, diese nervösen Frauen, zu Hun-
derten und Tausenden unter uns leben, haben sie sich, einfach durch ihre Existenz, auch Bühnenrecht erworben.
Oder will man ihnen gegenüber von Krankheit sprechen?
Was heißt krank? Wer ist gesund? Und *wenn* krank, nun, so
bin ich eventuell fürs Kranke.« Ein von der eigenen Natur
abgeschnittenes, in ein zahmes Bürgerdasein verschlagenes
Elementarwesen – dieses Ibsenbild der modernen Frau
macht Epoche bis zu O'Neill und Tennessee Williams. Die
Wirkung auf Fontane zeigt, wie sehr Ibsens neue Sicht die
herrschenden Anschauungsformen revolutioniert. Fontane,
der sehr lange im Fahrwasser von Klassik und Idealismus
für eine »gesunde« Kunst eintrat, gibt endlich der vereinfa-
chenden Norm den Abschied zugunsten einer komplexeren
Sicht des Menschen. Die Frage: »Was heißt krank? Wer ist
gesund?« bricht endlich mit Maßstäben, an denen ein Käth-
chen von Heilbronn und eine Penthesilea scheitern mußten.
Auch Wagners ekstatisches nuancenreiches Musikdrama re-
volutionierte die überlieferten Anschauungsformen.

Wenn Ellida von dem Fremden sagt: »Der Mann ist wie
das Meer«, so erkennt sie doch schließlich, daß dieses Meer
ein *inneres* Element ist, und fleht: »O Wangel – rette mich
vor mir selbst!« Die Rettung gelingt mit der Befreiung aus
der neurotischen Zwangslage. Wangel gibt Ellida den Weg
frei. Sie darf dem Fremden folgen. Die Möglichkeit *kann*
Wirklichkeit werden, es gibt nichts mehr zu verdrängen.
Nun erst, da sie wählen *darf*, wird Ellida sich bewußt, daß

das Bild des Fremden, das sie in all den Jahren ihrer Ehe begleitete, längst nur noch ein Traum- und Wahnbild ihres eigenen Innern ist. Wangel lehrt sie sehen. Er erläutert ihr die Rückkehr des Fremden: »jetzt [ist] ein neues Bild aufgetaucht. Und das überdeckt das alte – so daß du es nicht mehr siehst. [. . .] Und das überdeckt auch deine krankhaften Phantasien. Deshalb ist es nur gut, daß die Wirklichkeit aufgetaucht ist.« Und weiter: »Deine Sehnsucht und dein Verlangen nach dem Meer, dieses Sehnen nach ihm, nach dem fremden Mann, das ist Ausdruck eines erwachenden und wachsenden Wunsches nach Freiheit in dir gewesen. Nichts anderes.«

Mit der Aufhellung des unbewußten Wahnbildes ist *Die Frau vom Meer* geradezu das Gegenstück zu Richard Wagners *Fliegendem Holländer* (1843). Die Dreieckbeziehung: Ellida – der »wildfremde« Seemann – und der »brave« Doktor Wangel ist vorgebildet in Sentas Verfallenheit an das Bild des fremden »bleichen Seemanns«, der dann plötzlich leibhaftig in ihre Welt einbricht, während sie doch schon mit dem »braven« Erik verlobt ist. Doch dieses Drama nimmt eine andere Wendung. Die »düstere Glut« des Holländers, die Lust, mit ihm zu ertrinken, zu versinken, trägt den Sieg davon. Senta stürzt sich dem scheidenden Holländer nach ins Meer.

Der dramatische Analytiker Ibsen ist der Antipode Richard Wagners. Angesichts der Dämonien der Epoche ist es eine nicht hoch genug zu veranschlagende Leistung des Ibsen-Dramas, daß hier der verführerische Bann des inneren Wahnbildes gebrochen wird. In die Nacht des Irrationalen dringt das Tageslicht. Die von den Rheintöchtern als »falsch« und »feig« gescholtene Oberwelt wird wieder in ihre Rechte eingesetzt.

Anni Carlsson